Rosemarie Dingeldey

ICH SCHENK DIR ETWAS ZEIT

Rosemarie Dingeldey

Ich schenk dir etwas Zeit

Geschichten und Impulse für den Alltag mit Gott

Über die Autorin:

Rosemarie Dingeldey kann ein Lied davon singen: In den zurückliegenden 66 Jahren ihres Lebens gab es nicht nur unbeschwerte Zeiten. In dem, was sie schreibt, will sie anderen Mut machen, immer auf Gott zu vertrauen. Und dann kommen sie wieder, die heiteren Tage, die sie gern mit ihrem Mann beim Wandern und in gemütlicher Runde zu Hause verbringt.

Bücher von Rosemarie Dingeldey, »Es war, als würde ich fallen … Leben mit einer psychischen Erkrankung«, Neufeld Verlag 2011, 3. Aufl. 2020, ISBN 978-3-86256-018-9

Französische Ausgabe : »C'était comme si je tombais. Vivre avec une maladie psychique«, Edition Wortschatz 2020, ISBN 978-3-943362-60-2

Bibliografische Information der Deutschen Nationalbibliothek Die Deutsche Nationalbibliothek verzeichnet diese Publikation in der Deutschen Nationalbibliografie; detaillierte bibliografische Daten sind im Internet über http://dnb.dnb.de abrufbar.

ISBN 978-3-96362-231-1
Alle Rechte vorbehalten
© 2021 by Francke-Buch GmbH
35037 Marburg an der Lahn
Umschlagbilder: © iStockphoto.com / Antonel; Pixabay
Bilder Innenteil: Tasse: Pixabay/ilvide
Blume: Pixabay/Jozefm84
Umschlaggestaltung: Francke-Buch GmbH
Satz: Francke-Buch GmbH
Druck und Bindung: CPI books GmbH, Leck

www.francke-buch.de

Inhalt

Vorwort 7

1. Drucksache 12

2. Die fröhliche Toilettenfrau 15

3. Schuld abladen 17

4. Grenzen 19

5. Bäume 22

6. Brillen 26

7. Belanglos 30

8. Fundsachen 32

9. Geh in dein Kämmerlein 35

10. Geschenkte Zeit 38

11. Rufe mich an 41

12. Mir wird nichts mangeln 44

13. Liebe geht durch die Ohren 49

14. Älter werden 53

15. Andere sind anders 56

16. Der Kirschbaum 59

17. Fehler machen 62

18. Feuerwerk 65

19. Füße 68

20. Für alles danken 71

21. Gestörte Stille 74

22. Gesundheit ist das Wichtigste –
oder doch nicht? 77

23. Glücksgefühle 80

24. Gute Orientierung 83

25. Lachen ist gesund 86

26. Reaktionen und Erwartungen 89

27. Freie Fahrt 92

28. Suchen 94

29. Hut ab 97

30. Rumkruschteln 99

31. Freu dich mit mir 103

32. Dies ist der Tag, den der Herr macht 106

33. Gut leserlich 109

34. Auf den Zahn gefühlt 112

35. Frühling 115

36. Geh neue Wege 119

37. Gezählte Haare 121

38. Gottes Rechte 124

39. Ich darf 126

40. Ich komme mir vor wie ein Vogel 129

41 Keine Angst 132

42. Ordnung 135

43. Tapetenwechsel 138

44. Weihnachten 140

45. Paul Gerhardt 143

46. Mein Mann und ich 147

47. Leben pur 150

48. Begriffsstutzig 152

49 Ältere Menschen 156

50. Alleinsein 160

51. Guter Rat ist teuer 163

52. Tagebuch schreiben 167

Vorwort

Manchmal brauche ich Schwarzwälder Kirschtorte. Meiner Figur zuliebe sollte ich vielleicht lieber darauf verzichten, aber meiner Seele tut das gut. Allerdings bietet uns das Leben nicht nur Schönes. Auf jeden Fall nicht Torte an jedem Tag der Woche.

Schon als Kind habe ich mein Leben Gott anvertraut. Mittlerweile ist das nun schon eine Weile her, aber die Verbindung zu Jesus ist geblieben. Beide Seiten haben daran festgehalten. Es ist die große Liebe meines Lebens.

Inzwischen sind meine Haare grau geworden und gewisse Zeiten in meinem Leben waren grauenvoll. In meinem Lebensmosaik schienen die Grauzonen zu überwiegen. Eine psychotische Krankheit warf ihre Schatten auch über helle und fröhliche Farben. Ich habe gelernt, Gott zu vertrauen. Auch wenn meine Gedanken irre wurden, wurde ich nicht irre an Gott. Er hat mir einiges zugemutet, aber es gab auch die glitzernden, wunderschönen Farben in meinem Leben. Zeiten des Glücks und der Freude.

Als ich Gott fragte, welche meine Lebensaufgabe ist, da kam die Antwort prompt, viel schneller, als ich es von ihm gewohnt war: Mach anderen Mut! Das gefiel mir. Das war eine passende Aufgabe für mich. Ich kannte mich aus mit dem Mutverlieren und ich wusste, was mir selbst und anderen Mut machen kann. Zuhören, anstatt zu sagen: »Das wird schon wieder.« Anderen Tipps geben, wo die Kraftquelle ist. Wenn dann das Schwere vielleicht trotzdem bleibt, dann kann ich sie darauf hinweisen, dass es jemanden gibt, der die Last schultert oder beim Tragen hilft. So einer ist Jesus.

Mein Leben ist bunt. Ich beschreibe gern, was ich bisher erlebt habe. Aus meinem Leid wurde ein Lied. Zwei Buchstaben verändern alles. Am besten ist es, wenn wir schon zu singen anfangen und das Leid noch gar nicht ganz verschwunden ist. Das ist Trotzdem-Glaube. Er widerspricht den düsteren Gedanken.

Manchmal geht mir so viel durch den Kopf. Wie soll ich meine Gedanken nur sortieren? Die guten machen mich fröhlich und die weniger schönen ziehen meine Gefühle nach unten. In solchen Situationen hilft es mir, meine Gedanken schriftlich festzuhalten. Ich halte sie fest, um sie anschließend loszulassen. Oder ich beschäftige mich weiterhin damit und kann dann nachlesen, was mir durch den Kopf geht.

In meinem Alltag passieren viele Kleinigkeiten. Unauffälliges und Großartiges. Erfreuliches und weniger Schönes. Meine Gedanken haben immer eine wichtige Rolle in meinem Leben gespielt. Denn ich habe etwas Eigentümliches erlebt: Meine Gedanken wurden krank. Sie kamen so durcheinander, dass ich keine Kontrolle mehr darüber hatte. Grauenvoll! Da wurden Ärzte, Krankenschwestern und Therapeuten gebraucht. Mein Leben war überschattet und die Angst schien so etwas wie meine zweite Haut zu sein oder wie ein Kleid, aus dem ich gern schlüpfen würde. Es brauchte lange, bis ich wieder ins Gleichgewicht kam.

Dabei bekam ich einen Blick für die kleinen Dinge des Lebens. Gott steckt im Detail, könnte man sagen. Er kümmert sich um unsere Haare auf dem Kopf, um unsere Tränen, die wir vergießen, und um die Sterne im Weltenall. Nichts ist zu winzig und nichts zu groß für ihn. Dieser Gott begeistert mich von Kindesbeinen an. Meine Lebensaufgabe sehe ich darin, andere zu ermutigen. Es gibt so viele Menschen, die den Kopf hängen lassen. Die keinen Sinn im Leben sehen. Mit diesem Buch möchte ich meinen Mitmenschen einen kleinen Anstoß geben, in die andere Richtung zu schauen, dem Herrn Jesus zu vertrauen, nicht aufzugeben, sondern sich ermutigen zu lassen. Das Leben ist bunt; helle und dunkle, grelle und matte Farben machen unseren Alltag aus. Die dunklen Farben betonen dabei die Strahlkraft der hellen.

Mögen meine kurzen Gedankenimpulse und Erlebnisse Sie in Ihrem Alltag begleiten und Ihnen die Größe Jesu vor Augen malen.

Rosemarie Dingeldey im Februar 2021

Drucksache

Eine Nachbarin will mich besuchen kommen. Dabei türmt sich bei mir die Bügelwäsche, die Fenster müssten geputzt werden, ich sollte etwas für meine Gesundheit tun und eine Freundin wartet schon lange darauf, dass ich sie mal wieder anrufe. Ich stehe unter Druck und schaffe es nicht, all den Anforderungen gerecht zu werden. Ich erreiche meine Ziele nicht, die ich mir gesteckt habe. Deswegen werde ich nervös und unruhig. Vor meinem inneren Auge erscheinen all die Anforderungen wie gierige Hände, die sich nach mir ausstrecken. Noch bevor ich eine Aufgabe bewältige, die Freundin anrufe, bin ich schon müde und kaputt. »Ich kann nicht mehr«, denke ich unablässig, obwohl ich noch gar nichts getan habe.

In meiner Bibellese beschäftige ich mich heute mit Psalm 42. Der Psalmist stöhnt unter seiner Last. Da springt mir ein Vers ins Auge: *Warum muss ich so traurig gehen, wenn mein Feind mich drängt?* Es ist der Feind, der mir Druck macht. »Genau«, denke ich laut bei mir. Gott setzt mich nicht unter Druck. Das ist der Gegenspieler, der mir die Ruhe rauben will. Gott ist kein Antreiber, er fordert nichts, wozu er nicht auch die Kraft gibt.

Der Feind, das können auch meine eigenen Ansprüche sein, mein Perfektionismus. Der Wunsch, es allen recht zu machen. Ich weiß doch genau, dass das nicht geht. Während ich mich in den Psalm vertiefe, spüre ich, dass Jesus mir Ruhe und Geborgenheit schenkt und aus dieser Kraft kann ich den Tag bewältigen. Nur den einen heute. Für diesen Tag gibt er mir die Energie, die Ausdauer. Und auch den Durchblick zu sehen, was heute wichtig ist. Dieser Tag heute ist meine Chance.

*»Was betrübst du dich, meine Seele, und bist
so unruhig in mir? Harre auf Gott; denn ich
werde ihm noch danken, dass er mir hilft mit
seinem Angesicht.«*
(Psalm 42,6)

Die fröhliche Toilettenfrau

Gedankenversunken wasche ich mir die Hände, als eine junge Frau ausgerüstet mit Putzeimer und Schrubber hereinkommt. Offensichtlich will sie die Toiletten putzen. Wir befinden uns in einem Thermalbad. Sie ist ziemlich klein, Ausländerin und auffallend gut gelaunt. Wir wechseln ein paar Worte, ich frage sie, wie lange sie noch arbeiten muss. Als sie mir eine Uhrzeit nennt, bedaure ich sie ein wenig. »Es macht Spaß«, meint sie und ich staune. Was so alles Spaß machen kann! Ihre Fröhlichkeit überzeugt mich.

Vielleicht kommt es doch nicht so darauf an, was man macht, sondern dass man es einfach gern tut. Die Einstellung zu einer Arbeit macht den Unterschied. Dann kann es auch Spaß machen, etwas zu tun, was man eigentlich nicht so gern macht. Dann spielt es auch keine Rolle, wie anspruchsvoll die Aufgabe ist, mit der ich betraut bin.

Ein fröhliches Herz tut dem Leibe wohl;
aber ein betrübtes Gemüt lässt
das Gebein verdorren.
(Sprüche 17,22)

Schuld abladen

Mein Mann und ich machen einen Stadtbummel in Eberbach, einem hübschen Städtchen am Neckar. Es ist schönes Sommerwetter und auf Ständern wird die Ware im Freien präsentiert. Ich schaue mir ein paar leuchtend gelbe Kärtchen mit flotten Sprüchen an. An einem Spruch bleibe ich hängen und muss ihn zweimal lesen, um ihn zu verstehen: *Schuld abladen verboten*. Eigenartig, denke ich, wer will denn da bei wem die Schuld abladen?

Wie gut, kommt es mir in den Sinn, dass es einen Ort gibt, an dem ich meine Schuld abladen kann: das Kreuz von Golgatha. Jedes kleine Vergehen und jede große Schuld kann ich unter dem Kreuz ablegen. Hier werde ich freigesprochen, weil Jesus für meine Schuld gestorben ist. Er hat mich freigekauft und ich bin erlöst. Bei anderen können wir unsere Schuld nicht loswerden. Höchstens mal als »Zwischenlager« in einem seelsorgerlichen Gespräch, wenn wir jemanden brauchen, der uns beim Sortieren unserer Gedanken hilft.

Aber Jesus kann uns von Schuld befreien. Auch wenn wir in einer Sache wiederholt schuldig werden, dürfen wir wieder und wieder kommen und sie vor Jesus bringen. Er kann uns helfen, wenn wir ihn darum bitten, nicht die gleichen Fehler erneut zu machen. Er hilft uns, neue Wege zu gehen. Bei ihm heißt es niemals: Schuld abladen verboten!

»Seid aber untereinander freundlich und herzlich und vergebt einer dem andern, wie auch Gott euch vergeben hat in Christus.«
(Epheser 4,32)

Grenzen

Manchmal stelle ich mir vor, das Leben sei wie ein Garten. Mal ist das Land innerhalb des Gartenzauns groß, riesige Bäume wachsen auf dem Grundstück, Blumenbeete erfreuen die Augen des Betrachters, man findet Gemüse, Früchte, Hecken und Sträucher. Mal kommt es mir so klein und beengt vor. Manchmal schaffe ich es kaum, die Brennnesseln und das andere Unkraut zu entfernen. Dann sehne ich mich nach einem Blumengarten, den ich mühelos bearbeiten kann und an dem ich selbst meine Freude habe und der Betrachter auch. Doch wie schnell stoße ich an die Grenzen meines Lebensgartens und das gefällt mir nicht immer. Natürlich weiß ich, dass mich die Grenzen schützen und mir Sicherheit geben, aber trotzdem stören sie mich auch, weil sie mich einengen. Ich reibe mich an ihnen.

Doch wenn ich anfange, meine Grenzen anzunehmen und meinen kleinen Lebensraum innerhalb der Grenzen akzeptiere, lerne ich mit der Zeit, dankbar für sie zu sein. Dann mache ich das Beste aus dem mir anvertrauten »Land« und schiele nicht auf die üppigen, prachtvollen Blumengärten der Nachbarn, sondern stelle fest, dass auch mein Gärtchen schön, dass die Erde darin gut ist und ich mutig Blumen, ein Bäumchen und ein paar Kräuter pflanzen kann.

Ja, mein Leben ist wie ein Garten, in dem Bäume wachsen. Ich grabe die Wurzeln meines Lebensbaumes tief in die Erde. Dann wachse ich in die Tiefe, in Gottes Wort. In der Gemeinschaft mit Jesus bekomme ich Stabilität und Festigkeit. Und ich entdecke: Wenn das Land meines Lebens begrenzt ist, dann kann ich in die Tiefe und auch in die Höhe wachsen. Tief gewurzelt strecke ich mich aus nach Jesus, dem Licht des Lebens.

»Der Herr ist mein Licht und mein Heil,
vor wem sollt ich mich fürchten?«
(Psalm 27,1)

Bäume

Ich vermute, dass die meisten Menschen Bäume mögen. Sie vermitteln Geborgenheit, unter ihnen kann man Schutz vor einem plötzlichen Regenguss suchen und wenn die Sonne brennt, bieten sie angenehmen Schatten. Auch in der Bibel ist öfters von Bäumen die Rede und in Psalm 1 wird der Gläubige mit einem Baum verglichen. Ein Baum hat einen Stamm, Äste, Zweige und Blätter. Meistens sieht man die Wurzeln nicht und je tiefer sie sich in die Erde eingraben, desto größer sind die Äste, die sich nach dem Himmel ausstrecken. Das Wasser, das ein Baum zum Wachstum braucht, zieht er aus den Wurzeln.

Wo sind meine Wurzeln, wo bin ich verwurzelt? Die beste Nahrung bekommt mein Lebensbaum in Gottes Wort. Hier finde ich alles, was ich zu meinem geistlichen Wachstum brauche. Deshalb lese ich gern in der Bibel. Ich bin aber auch verwurzelt in Beziehungen zu anderen Menschen; auch sie geben meinem Baum Stabilität. Allerdings braucht jeder Baum Platz zum Wachsen. Wenn wir zu eng beieinanderstehen, behindern wir uns gegenseitig.

Andererseits kann ein Baum leichter von einem starken Sturm weggerissen werden, wenn er ganz allein auf einer Wiese oder einem Hang steht und nicht andere Bäume schützend um ihn herumstehen. Auch wir Menschen brauchen Gemeinschaft. Manche zarten Bäume biegen sich geschmeidig bei einem Sturm, ein großer kräftiger Baum dagegen verliert schon mal einen Ast, wenn er sich dem Wetter nicht so anpasst.

Es gibt so viele verschiedene Bäume, keiner gleicht dem anderen. Selbst eine Eiche ist nicht mit einer anderen identisch. Ich mag die hellen, freundlichen Birken besonders gern, aber auch die melancholisch wirkenden Trauerweiden, die man oft auf Friedhöfen findet, gefallen mir. Nicht weit von unserem Haus entfernt steht eine sehr alte Eiche, deren Äste bis fast auf die Erde reichen. Ich bleibe gern unter dem mächtigen Baum stehen und schaue in die Zweige hinauf.

Wenn ich mir aussuchen könnte, was für ein Baum mein Lebensbaum wäre, würde ich mir wohl einen Obstbaum aussuchen. Rote Äpfel sollen daran wachsen oder vielleicht noch lieber Pfirsiche, die ich so gerne esse? Aber da fällt mir ein, dass wir uns nicht aussuchen können, was für ein Baum wir sind. Gott, der weise Gärtner, hat uns gepflanzt und so bringen wir die Früchte, die unser Vater im Himmel für uns vorgesehen hat. Deshalb sollten wir uns als »Birke« nicht wünschen, ein Nussbaum zu sein.

»Wandelt auf dem Weg, den euch der Herr, euer Gott, geboten hat, damit ihr leben könnt und es euch wohlgeht«, lesen wir in 5. Mose 5,33. Wenn mein Lebensbaum nur dafür da ist, anderen Schatten zu bieten, sie einzuladen, auf der Bank unter meinen großen Ästen Platz zu nehmen und ein wenig auszuruhen, dann will ich damit zufrieden sein. Und falls ich ein Birnbaum mit köstlichen, süßen Früchten bin, will ich mir darauf nichts einbilden. Der Baum trägt Früchte, weil sich seine Wurzeln nach dem Wasser ausstrecken, und auch mein Leben wird fruchtbar durch die Gemeinschaft mit Jesus.

»Der ist wie ein Baum, gepflanzt an den Wasserbächen, der seine Frucht bringt zu seiner Zeit, und seine Blätter verwelken nicht. Und was er macht, das gerät wohl.«
(Psalm 1,3)

Brillen

Ich bin kurzsichtig. Aus diesem Grund trage ich schon seit meiner Jugend eine Brille. Aber weil ich die nie so gern getragen habe, habe ich mir von dem ersten Geld Kontaktlinsen gekauft. Ohne Brille oder Kontaktlinsen wäre ich im Straßenverkehr aufgeschmissen und dürfte mich nicht ans Steuer setzen.

Wie oft habe ich mir schon gewünscht, auch für meine geistlichen Augen eine Sehhilfe zu haben. Ich erinnere mich daran, wie ich zu Gott gebetet habe: »Herr, lass mich die Menschen mit deinen Augen sehen.« Wie oft ertappe ich mich dabei, dass ich auf die Fehler der anderen starre und sie mit der Lupe betrachte. Oder dass ich andere durch die rosa Brille anschaue, die alles beschönigt, oder ich vielleicht lieber ganz wegsehe, wenn etwas falschläuft.

Manchmal möchte ich helfend eingreifen und sagen: »Reich mir doch mal deine Brille, ich putze sie dir.« Damit meine ich, dass der andere die Welt mit meinen Augen sehen soll. Die Welt mit den Augen des anderen zu sehen, sozusagen seine Brille aufzusetzen, ist gar nicht so leicht, sondern durchaus mit Arbeit verbunden.

Ein Pfarrer soll sich bei einer Trauung einmal versprochen haben. Statt zu sagen »Nun wechselt die Ringe«, forderte er das Brautpaar auf: »Nun wechselt die Brillen.« Bei der anschließenden Feier hielt er noch eine Ansprache darüber, wie wichtig es in der Ehe ist, »die Brillen zu tauschen« und zu versuchen, die Dinge aus der Perspektive des Partners zu sehen.

Mir tut es gut, wenn ich spüre, dass der andere mich versteht. Das ist die Ausgangsbasis dafür, dass ich zur Veränderung bereit bin.

Denn wenn ich mich verstanden fühle, nehme ich Korrektur und Ermahnung viel eher an.

Beim Lesen in den Evangelien wird mir klar, dass Jesus das konnte. Er fand immer die richtigen Worte, weil er jeden Menschen in seinem Innersten verstand. Er erkannte die Persönlichkeit, durchschaute die Menschen, weil er wusste, was in ihnen steckt. Diesen Röntgenblick habe ich nicht. Ich sehe nur das, was vor Augen ist. Wie oft verstehe ich den anderen nicht, begreife die Motive für sein Handeln nicht, jedenfalls oft ist das so. Aber ich freue mich darüber, dass Jesus mich versteht und den anderen auch. Selbst wenn mir oft der Durchblick fehlt, kann ich doch eines tun: die Menschen, mit denen ich zu tun habe, in Gottes Hand legen und ihn um seine Hilfe bitten. Er versteht alle Zusammenhänge, kennt jeden Menschen von Anfang an und seine Beurteilung ist gerecht und liebevoll zugleich. Weil er uns stets mit den Augen der Liebe ansieht. Diese Augen wünsche ich mir auch.

»Wir wissen nicht, was wir tun sollen,
sondern unsere Augen sehen nach dir.«
(2. Chronik 20,12b)

Belanglos

An diesem Samstagnachmittag bin ich allein. Ich habe die Betten neu bezogen und die Waschmaschine läuft. Dann habe ich eine Weile gelesen und mich umgesehen. Wartet da noch Hausarbeit auf mich? Irgendetwas findet man ja immer. Aber wirklich Wichtiges gibt es für mich nicht zu tun. Da finde ich noch etwas Hefe im Kühlschrank und ich beschließe spontan, ein paar Brötchen zu backen. Alles geschieht ohne Arbeits- oder Zeitdruck. Ich tue es aus keiner besonderen Motivation heraus.

Sorgen muss ich mir momentan nicht machen, aber ich freue mich auch über nichts besonders. Ähnlich wie das Wetter draußen ist auch meine Stimmung: leicht bedeckt, aber warm genug, dass man merkt, es ist Sommer. Zum Telefonieren verspüre ich keine Lust, was hätte ich auch schon zu erzählen an diesem unbedeutenden Tag?

Aber auch diese Tage, die uns so belanglos vorkommen, wollen gelebt werden. Sie sind nicht bunt und auch nicht grau, einfach so etwas dazwischen. Plötzlich wird mir klar, dass ich sie brauche, diese unaufgeregten, ruhigen Tage. Die fröhlichen, lauten Tage heben sich dagegen ab – und leider auch die traurigen. Alle Tage meines Lebens sind Tage, die der Herr macht.

»Besser eine Hand voll mit Ruhe
als beide Fäuste voll mit Mühe
und Haschen nach Wind.«
(Prediger 4,6)

Fundsachen

Das war schon eine eigenartige Sache mit unserem Nummernschild. Wir hatten einen Sonntagsausflug ins Neckartal gemacht und mussten am nächsten Tag feststellen, dass das vordere Nummernschild unseres Autos verloren gegangen war. Was alles so verschwinden kann, wunderten wir uns. Wir beteten, gingen zur Polizei und über eine Woche später entschloss sich mein Mann, nochmals die Route, die wir bei unserem Ausflug genommen hatten, abzufahren.

Ich war eher skeptisch, als er sich auf den Weg machte, und hätte ihn gern davon abgehalten. Aber ich behielt meine Gedanken für mich und dachte so bei mir: *Du musst ja nicht immer deinen Kopf durchsetzen.* Ich glaube, im Stillen habe ich gebetet.

Ein strahlender Mann kam ein paar Stunden später nach Hause. In einer Wiese hatte das Nummernschild gelegen. Unterwegs hatte er noch einen behinderten jungen Mann im Auto mitgenommen, ihm etwas von Jesus erzählt und ihm christliche Traktate und das Buch »Jesus, unser Schicksal« von Wilhelm Busch gegeben. Eine gelungene Suchaktion.

Gott ist groß, musste ich so bei mir denken. Er kümmert sich auch um die alltäglichen Dinge des Lebens. Neulich erst hatten wir eine Bibel verloren, die wir vor der Abfahrt aufs Auto gelegt und dann dort vergessen hatten. Wiedergefunden haben wir sie nicht, aber wir hoffen sehr, dass sie jemand aufgehoben hat und sie ihm zum Segen geworden ist. Jedenfalls haben wir für die »fliegende Bibel« und ihren Finder gebetet. Ich bin fest davon überzeugt, dass Gott sogar unsere Fehler und unsere Zerstreutheit gebrauchen kann. Und er ist barmherzig mit uns.

Ein anderes Mal haben wir verzweifelt einen Autoschlüssel gesucht. Wie groß war die Freude, als wir das wertvolle Stück nach Monaten in der kurzen Hose meines Mannes fanden. Die hatte ich gegen Ende des Sommers in den Schrank gelegt und den Schlüssel in der Hosentasche übersehen. Wie gut, dass in diesem Jahr der Sommer schon im April anbrach. Gott ist wirklich barmherzig.

»Bittet nur – ihr werdet es bekommen. Und dann wird eure Freude vollkommen sein.«
(Johannes 16,24)

Geh in dein Kämmerlein

Wenn du betest, dann geh in dein Kämmerlein. Dieser Bibelvers hat mich nachdenklich gemacht. Wo ist dieses Kämmerlein? Als meine beiden Stiefsöhne noch klein waren und es Ärger in der Familie gab, war das stille Örtchen das besagte Kämmerlein. Ich zog mich zurück, wenn die Wut in mir hochstieg, hier konnte ich einen Augenblick nachdenken, vielleicht auch mal ein paar Tränen vergießen und sie gleich wieder abtrocknen.

Auch in uns haben wir solch eine Kammer. Eine Herzkammer. Dorthin kann ich mich zurückziehen, wenn ich z. B. mit einer Freundin spreche. Dort kann ich ihren Schmerz und ihre Hilflosigkeit spüren. Wenn ich dann von all dem betroffen bin, werfe ich einen inneren Blick auf Jesus. Ich bete, ohne dass die Freundin es merkt. »Was meinst du, Herr, was soll ich ihr raten?« Das ist mein Kämmerlein, in das ich mich für zwei Sekunden zurückgezogen habe, ganz unauffällig.

Mittlerweile ist es mir zu einer guten Gewohnheit geworden, Jesus in die Gespräche mit einzubeziehen. Er hört ja sowieso zu. Aber er will gebeten werden, er drängt uns seine Hilfe nicht auf. Manchmal bete ich für Menschen, die beim Einkaufen in der Schlange vor mir stehen. Ich bitte Jesus einfach, sie zu segnen. Es gibt unglaublich viele Möglichkeiten, mit Jesus über die Menschen zu sprechen, die mir täglich begegnen. Schon jetzt bin ich auf den Tag gespannt, wenn wir bei ihm in der Herrlichkeit sind. Werden wir dann schauen, was er aus unseren Gebeten gemacht hat?

*»Wenn du aber betest, so geh in dein
Kämmerlein und schließ die Tür zu und bete
zu deinem Vater, der im Verborgenen ist;
und dein Vater, der in das Verborgene sieht,
wird dir's vergelten.«*
(Matthäus 6,6)

Geschenkte Zeit

Heute gehe ich zum Hautarzt. Endlos wird es dauern, bis ich dran bin, und schon jetzt graut mir vor der stickigen Luft im Warte-zimmer. Einmal ist sogar ein Patient in Ohn-macht gefallen. Deshalb habe ich mich lange vor dem Termin gedrückt, aber heute will ich hingehen. Ganz früh muss ich dort sein und so mache ich mich auf den Weg. Vorher habe ich gebetet. »Herr, bitte hilf mir und schenke es, dass ich nicht so sehr lange warten muss. Vielleicht gerade so lange, bis die Geschäfte aufmachen und ich einkaufen gehen kann.«

Dieses Gebet kam mir irgendwie ein wenig egoistisch vor. Aber weil mir so ums Herz war, sprach ich meine Bitte Gott gegenüber aus. Die Dame an der Rezeption meinte, es könne gut 90 Minuten dauern, bis ich drankäme, ich könne also ruhig noch mal weggehen. So fuhr ich wieder nach Hause und hatte auf einmal Zeit, die ich eigentlich im Wartezimmer verbringen sollte. Hier ein Handgriff, da eine Kleinigkeit tun, ich freute mich und dachte im Stillen über mein Gebet am frühen Morgen nach.

Es heißt ja in der Bibel nicht: Werfet alle großen Sorgen auf mich, mit den kleinen könnt ihr selbst zurechtkommen. Sondern: *Alle* eure Sorgen werft auf mich. Was uns Sorgen macht, ist individuell verschieden. Gott kümmert sich um jedes Haar auf meinem Kopf. Er hat Zeit für jedes Detail in unserem Leben. Weil er so groß ist. Und weil wir ihm wichtig sind.

Schließlich ging alles ganz flott bei dem Arzt an diesem Vormittag. Als ich in das Behandlungszimmer ging, sagte ich lachend: »Bei Ihnen ist so viel los. Da könnte man fast aus der Haut fahren!« Da musste der Mediziner selbst lachen und eine gute Atmosphäre kann ja nie schaden. Und Geduld brauchen wir eben im »Wartezimmer«. Schließlich bedeutet »Patient« nach seinem lateinischen Ursprung »leidend« oder »geduldig sein«, erklärte mir mein kluger Mann …

»Sorgt euch um nichts, sondern in allen Dingen lasst eure Bitten in Gebet und Flehen mit Danksagung vor Gott kundwerden!«
(Philipper 4,6)

Rufe mich an

Wenn ein Freund zu mir sagt: »Du kannst mich jederzeit anrufen«, ist das nett und ich freue mich. Aber ich werde seine Freundlichkeit nicht ausnutzen und ihn beispielsweise nicht mitten in der Nacht anrufen. Auch wenn er mir das streng genommen angeboten hat.

In Psalm 50 steht, dass wir Gott anrufen können, wenn wir in Not sind. Er ist immer erreichbar. Niemals heißt es »Bitte warten!«. Ich brauche nicht einmal einen Telefonhörer in die Hand zu nehmen, um mit ihm in Kontakt zu treten. Ich kann mein Herz vor ihm ausschütten und ihm alles sagen, was ich keinem Menschen anvertrauen würde.

Egal was ich mit ihm besprechen will, er hört mir gern zu und nimmt sich Zeit. Dabei wird er nicht müde. Deshalb spreche ich auch gern mit ihm und natürlich ganz besonders dann, wenn eine Notsituation auftritt. Das Erste, was mir dann über die Lippen kommt, ist: »Bitte hilf mir, Herr!« Ich weiß, dass er dieses Gebet hört und ich mich auf seine Hilfe verlassen kann. Er hat nämlich nicht nur immer Zeit für mich, er verfügt auch über alle Mittel der Welt (ja des Universums), um mir zu helfen. Schon so oft war er für mich da und deshalb vertraue ich ihm. Er hat den Überblick in meinem Leben und weiß, was mir wirklich guttut.

Er überblickt nicht nur mein Heute, sondern auch meine Zukunft, alle Wege, die ich noch gehen werde. Ihm unterlaufen keine Fehler, wenn er mir hilft.

Einerseits ist er mein bester Freund, aber andererseits auch der Allerhöchste, dem die Ehre gebührt. Wenn ich ihn lobe, ist das wie eine Therapie für meine Seele. Dann werden plötzlich meine Sorgen klein, ich kann mich selbst vergessen und werde in seiner Gegenwart froh. In einem alten Lied heißt es: »Gott loben, das ist unser Amt.« Ein Amt, eine Aufgabe, nicht einfach nur ein Hobby. Ich finde meinen Sinn darin, Gott zu verehren.

»Rufe mich an in der Not, so will ich dich
erretten, und du sollst mich preisen.«
(Psalm 50,15)

Mir wird nichts mangeln

An einem schönen sonnigen Tag schlendern mein Mann und ich über den Flohmarkt in einem kleinen Städtchen. Wir machen das selten, schließlich haben wir genug »Kruscht« zu Hause, aber heute hatte ich auf einmal Lust, Dinge zu begutachten, die andere Leute gern loswerden wollen: Tässchen und Döschen, Nützliches und Unnötiges. Und da sehe ich plötzlich an einen Baum gelehnt ein Holzschild. Neugierig nehme ich es in die Hand und lese die Aufschrift: »Der Herr ist mein Hirte, mir wird nichts mangeln.«

Das ist einer meiner Lieblingsverse aus der Bibel und sofort bin ich entschlossen, dieses Schild mit der verschnörkelten Schrift zu kaufen. Der Verkäufer, ein sympathischer junger Mann mit langen Haaren, ist auf mich aufmerksam geworden und ich erkundige mich nach dem Preis. Mir ist sofort klar, dass er zu hoch ist, aber der Spruch bedeutet mir sehr viel und er ist es mir wert. Also willige ich ein und fordere ihn anschließend dazu auf, einmal eine Bibel zur Hand zu nehmen und den Psalm 23 aus dem Alten Testament nachzulesen. Er nickt, als habe er es fest vor, und ich bete, dass ihm in den nächsten Tagen eine Bibel in die Hände fällt.

Der 23. Psalm ist wahrscheinlich der beliebteste Psalm überhaupt. Ich freue mich, dass ich an einem 23. geboren wurde und mich auf diese Weise mit dem Psalm verbunden fühlen darf. »Herr, du bist mein Hirte«, denke ich auf der Heimfahrt an jenem Tag. Welch schönes Bild. Ein Hirte führt seine Schafe mit fester und mit sanfter Hand. Wie oft habe ich das schon erfahren! Vor etlichen Jahren ging mir dieser Psalm durch den Kopf, als ich im Krankenhaus lag. Alles schien so hoffnungslos. Doch das Zimmer war in einem hellen Grünton gestrichen und da dachte ich an Psalm 23: »Mir wird nichts mangeln.«

»Herr«, betete ich, »eigentlich mangelt es mir im Moment doch an allem, ich kann nicht einmal allein zur Toilette gehen. Aber ich vertraue dir, dass mir einmal nichts mehr mangeln wird.« Gott hat mich anschließend wunderbar geführt. In ihm habe ich die Fülle und absolut keinen Mangel, auch wenn äußerlich zuweilen manches fehlt. Der Hirte weiß, was sein Schaf braucht, viel besser als das Schaf selbst. Manchmal geht es durch dunkle und gefährliche Schluchten, für einen Moment mag der gute Hirte aus dem Blick des Schäfleins geraten. Doch er selbst, der Gute Hirte, unser Vater im Himmel, verliert uns nie aus dem Blick.

Jesus hat seine Jünger einmal gefragt: »Habt ihr je Mangel gehabt?« Die Jünger verneinten. Was würde ich wohl antworten, wenn Jesus mir dieselbe Frage stellen würde? Kämen mir dann nicht doch Situationen in den Sinn, in denen alles gefehlt hat – die Gesundheit, das nötige Geld, ein Mensch, der mich hätte trösten können, die Freude am Leben oder auch der Glaube? Ja, beim oberflächlichen Hinsehen kommt mir schon der Gedanke, dass es Wochen, Monate oder Jahre gab, die recht »mangelhaft« waren. Aber wichtiger als alle Gaben war und ist der Herr, der Gute Hirte, der da war. Seine Nähe gab mir immer wieder Frieden, Geborgenheit und auch das Nötigste zum Leben. Und so kann ich rückblickend doch sagen: Er hat mich gut versorgt. Und auch für die Zukunft wird gelten: »Ein neuer Tag! Eine neue Sorge. Der gleiche Herr!« Das macht mich zuversichtlich.

1. *»Keiner wird zuschanden, welcher Gottes harrt, sollt ich sein der Erste, der zuschanden ward? Nein, das ist unmöglich, Du getreuer Herr! Eher fällt der Himmel, eh mich täuscht dein Wort.*

2. *Du hast zugesaget: Wer da bittet nimmt, wer da sucht, soll finden, was ihm Gott bestimmt. Wer im festen Glauben mutig klopfet an, dem wird ohne Zweifel endlich aufgetan.*

3. Nun, so will ich's wagen, Herr, auf dein Ge-
bot, alle meine Sorgen, eign' und fremde Not,
all mein heimlich Grämen, alles was mich
quält, Dir ans Herz zu legen,
der die Tränen zählt.

4. Du bist mein Erbarmer und mein bester
Freund, meines Lebens Sonne, die mir lacht
und scheint, auch in finstern Nächten und
durchs Todestal mir hinüberleuchtet zu des
Lammes Mahl.»
(Gustav Knak)

Liebe geht durch die Ohren

Liebe geht durch die Ohren, jedenfalls bei den meisten Menschen. Oft fällt die Liebe, in Worten ausgedrückt, direkt in das Herz eines Menschen. Gute, ehrliche, aufbauende Worte verfehlen selten ihre Wirkung. Manchmal sehne ich mich selbst nach einem guten Wort. Wenn ich innerlich leer und ausgebrannt bin und mich nach einem erfrischenden, Mut machenden Wort sehne, dann denke ich: Ich bin doch kein Kamel, das stundenlang ohne Wasser zu trinken durch die Wüste laufen kann.

Dann kann es vorkommen, dass ich mürrisch werde und meine Arbeit kaum noch schaffe, weil ich so sehr auf die Anerkennung anderer hoffe. Was könnte jetzt ein Lob bewirken! Aber Lob kommt natürlich nicht auf Kommando. Ich kann ja schlecht zu meinem Mann sagen: »Bitte lob mich mal für den schön gedeckten Tisch« oder: »Bitte bring mir morgen Rosen mit«. Wir wünschen uns, dass andere uns von sich aus ein gutes Wort sagen oder uns eine kleine Aufmerksamkeit schenken. Bleibt uns da nichts anderes übrig, als still vor uns hin zu leiden?

Wenn ich in einer solchen Stimmung bin, hilft es mir, meine Fantasie einzusetzen. Dann stelle ich mir vor, was Jesus mir alles mitbringen würde, wenn er bei mir zu Gast wäre. Er würde meinen Herzenswunsch kennen und mir sicher keine Nelken schenken, die ich nicht mag, und auch keine Pralinen, auf die ich lieber verzichte. Herrliches Obst würde er mir schenken und die kleinen Würstchen, die ich so mag. Er würde mich zum Lachen bringen. Den schön gedeckten Tisch würde er bewundern, die Arbeit, die ich mir gemacht habe, würde er registrieren. Liebevoll würde er mich anschauen und schnell die Getränke aus dem Keller holen. Er würde mir aufmerksam zuhören, würde meine Fragen beantworten, über meine scherzhaften Bemerkungen lachen, nach dem Essen den Tisch abräumen und mir eine kleine Ruhepause gönnen. Ja, ich glaube, das würde er tun.

»Komm, Herr Jesus, sei du unser Gast«, betet mein Mann vor dem Essen und ich füge innerlich hinzu: »Und bleib auch bei uns, sei immer mitten unter uns.« Da wird mir klar: Jesus sieht mich, er ist da, wenn auch unsichtbar. Er kennt meine Bedürfnisse und auch die meines Mannes und anderer Menschen. Als mir an diesem Abend mein Mann müde gegenübersitzt, durchströmt mich ein Gefühl der Dankbarkeit ihm gegenüber. Und das bringe ich mit Worten zum Ausdruck: Ich danke ihm. Für seine Arbeit, seine Hilfe, sein Reden mit mir, sein Verständnis.

An diesem Tag war auch mein Mann ausgetrocknet, auch er brauchte Ermutigung. Meine freundlichen Worte haben ihn aufgebaut. Und auch ich bin plötzlich froh und fühle mich gestärkt. Mein innerer Blick auf Jesus hat mir Kraft gegeben, die ich an meinen Mann weitergeben konnte. Und dadurch wurde ich selbst gestärkt.

Ich will mich darin üben, ein Ohr für diese besonderen Momente zu entwickeln, ein Ohr für Gott und für die Menschen um mich. Denn Liebe geht durch die Ohren.

»Lasst uns laufen mit Geduld in dem Kampf, der uns bestimmt ist, und aufsehen zu Jesus, dem Anfänger und Vollender des Glaubens.«
(Hebräer 12,1-2)

Älter werden

Eigentlich merke ich es gar nicht so, dass ich älter werde, denn allzu viel Zeit verbringe ich nicht vor dem Spiegel. Doch auf den Fotos sieht man die ersten Alterserscheinungen. Da muss ich an meine Großmutter denken, die solche Fotos vernichtet hat. Schade eigentlich. Ich will nicht so ein Theater wegen dieser Äußerlichkeiten machen, sondern zu meinem Alter stehen, es nicht vor anderen verheimlichen. Und doch freue ich mich, wenn man mich jünger schätzt.

Eine gute Bekannte riet mir vor vielen Jahren, keine Angst vor dem Älterwerden zu haben. Diesen Rat nehme ich mir zu Herzen. Wie gern höre ich es, wenn unsere kleine Enkelin Rosi-Omi zu mir sagt. Aber natürlich geht vieles nicht mehr so wie früher. Manches ist sogar endgültig vorbei. Mein Mann organisiert seit Jahren Klassenfahrten nach Frankreich. Dieses Mal dachte ich etwas wehmütig: Ist es dieses Mal das letzte Mal? Werden wir in zwanzig Jahren noch leben, werden wir noch beisammen sein? Diese Gedanken machen mich traurig, fast erfüllen sie mich mit Panik. Ich will so gern bleiben, will das Leben genießen, es festhalten.

Veränderungen mag ich nicht, vor allem nicht solche, die mein Leben erschüttern. Alles soll immer so weitergehen. »Bedenket, dass ihr sterben müsset, auf dass ihr klug werdet«, sagt uns die Bibel in Psalm 90. Daher will ich den Gedanken an mein persönliches Ende mit einkalkulieren in mein Leben. Natürlich will ich nicht ständig darüber nachsinnen, aber den Gedanken daran auch nicht völlig wegschieben. »Sinnet, was droben ist« ist auch ein Vers in Gottes Wort. Aber was ist da droben? Wie wird es einmal in der Herrlichkeit sein, wenn ich Jesus von Angesicht zu Angesicht sehe und auch all die anderen, die schon bei ihm sind. Welche neuen ungeahnten Aufgaben warten dort auf mich? Ich weiß es nicht, aber es wird ein Leben sein, das mich alles hier vergessen lässt, das alles Irdische in den Schatten stellt.

Und so will ich dem Älterwerden gelassen entgegensehen, jede neu dazukommende Falte in meinem Gesicht willkommen heißen. Denn ich weiß: Jeder Tag bringt mich meinem himmlischen Ziel ein wenig näher.

»Des Menschen Herz erdenkt sich seinen Weg,
der Herr aber lenkt seine Schritte.«
(Sprüche 16,9)

Andere sind anders

Eine Freundin von mir hat heute Geburtstag, wir trinken zusammen Kaffee und warten darauf, dass ihre Familie anrückt. Dabei erinnere ich mich daran, wie das bei uns immer ist. Es ist vor allem eins: laut. »Schön, dass ihr da seid«, so begrüßen wir uns immer. Wir drücken uns und klopfen uns auf die Schultern. »Na, du hast aber abgenommen«, loben wir unser Gegenüber. Und wenn das Gegenteil der Fall ist, behalten wir das natürlich für uns. »Gut siehst du aus«, so drücken wir unsere Wertschätzung aus und wenn der andere schlecht aussieht, dann nehmen wir ihn beiseite und erkundigen uns nach den Gründen dafür. Alles wird kommentiert und die Freude und Herzlichkeit äußern wir laut und ungestüm. So geht es bei uns in der Familie zu.

Als es klingelt und die Familie meiner Freundin den Hausflur betritt, denke ich spontan: Die sind ja gar nicht in Feierlaune, haben sie denn vergessen, dass meine Freundin Geburtstag hat? Man gibt sich die Hand und dann werden doch Glückwünsche ausgetauscht. Aber alles ist so ruhig, so als würden sich fremde Menschen begegnen. Wann fangen sie denn an, sich lebhaft um den Hals zu fallen und vor lauter Freude zu kreischen, frage ich mich. Wann beteuern sie dem Geburtstagskind, dass es Gottes einmalige und wunderbare Idee war, so ein liebes Wesen zu erfinden? Sie sind so ganz anders als meine Verwandtschaft und darüber kann ich nur staunen. Meinem Vater hätte etwas Entscheidendes gefehlt, wenn ich ihm nicht überschwänglich um den Hals gefallen wäre, um ihm zu gratulieren.

Aber dann muss ich innehalten. Was treibt mich da eigentlich? Gott hat uns alle unterschiedlich geschaffen. Es ist doch schon immer so gewesen, dass Menschen sich anders als erwartet verhalten. Andere Prägungen, andere Einstellungen, andere Empfindungen haben. Warum muss ich die Andersartigkeit meines Gegenübers gleich so bewerten? Schade eigentlich. Man kann sich doch auch lieben, wenn man sich nur die Hand gibt, oder?

Herzlichkeit ist schön, aber eine gewisse Distanz hat auch Vorteile. Nur weil ich ein Nähe-Typ bin, ist das doch nicht die verbindliche Norm für alle. Ich sehe die Welt auf meine Weise, ich habe andere Dinge erlebt und gelernt als andere. Es ist gut, tolerant zu sein und meine Mitmenschen so zu schätzen, wie sie sind. Wenn mein Herz eng ist, passt nur wenig hinein und andere müssen sich meinen Vorstellungen entsprechend verhalten.

An diesem Tag wird mir klar, dass ich noch immer eine Lernende bin. Auf meinem Stundenplan des Lebens steht als ein Lernfeld die Toleranz.

>*Nehmet einander an, wie Christus*
euch angenommen hat.<
(Römer 15,7)

Der Kirschbaum

In unserem Garten steht ein hoher Kirschbaum. Als ich aus dem Fenster schaue, ist alles noch kahl, der Frühling ist noch nicht da.
Weit reichen die Zweige empor. Viele Früchte hat er noch nie getragen. Die Ernte war
meist mickrig. Da fällt mir ein, dass ich ihn
auch nie energisch habe beschneiden lassen.
Einmal hat ein Bekannter zaghaft an dem riesigen Baum »rumgeschnippelt«. Trägt er deswegen keine reiche Ernte?

Mir fallen Menschen ein, die so »unbeschnit-
ten« sind wie unser Baum. Sie bringen es zu
etwas im Leben, sind groß und stark, aber die
guten Früchte fehlen. Beschneidung tut weh,

nicht nur dem Baum, auch mir. Aber um der Frucht willen muss ich mich der guten Hand des Gärtners aussetzen und den »Einschnitt« akzeptieren.

Manchmal will ich auf meinem Recht bestehen und es fällt mir schwer zu schweigen. Aber ich spüre, dass der himmlische Gärtner mein Schweigen will. Und so lerne ich, mich seinem Willen zu beugen. Ein anderes Mal wird mir bewusst: Hier musst du bei deiner Meinung bleiben, du darfst nicht schweigen, auch wenn es leichter wäre, sondern sollst mutig sein, bei deiner Meinung bleiben. Wieder ein »Einschnitt«, der wehtut, der aber Voraussetzung dafür ist, dass Früchte an meinem Lebensbaum wachsen können.

Meinem himmlischen »Gärtner« kann ich völlig vertrauen. Er versteht sein Handwerk und schneidet an keiner Stelle zu viel oder zu wenig ab. Vielleicht weiß ich gar nicht immer, welche Früchte gewachsen sind. Aber eines weiß ich: Auf jeden Fall ist es besser, in der Pflege des guten Gärtners zu sein, als wild zu wachsen.

»Einen Garten zu bebauen bedeutet,
mit Gott unterwegs zu sein.«
(Christian Bovee)

Fehler machen

»Und vor allem: Machen Sie Fehler!«, gab mir der Psychologe beim Abschlussgespräch während meiner Kur mit auf den Weg. Ich traute meinen Ohren nicht, war erstaunt und etwas amüsiert zugleich. Hatte ich nicht am Anfang der Kur beteuert, ich wolle alles richtig machen im Leben. Nein, Fehler machen, das war das Letzte, was ich wollte. Wie konnte er mir solch einen Rat geben?

Ich habe noch so manches Mal über die Empfehlung des Psychologen nachgedacht. Wie verbissen hatte ich in den letzten Jahren alles Fehlerhafte zu vermeiden gesucht. Natürlich war es mir oft nicht gelungen, ich war enttäuscht, vor allem von mir selbst. Muss eine fromme Frau nicht darauf achten, keine Fehler zu machen? Sollte sie sich nicht anstrengen und sich Mühe geben, um alles richtig zu machen? Doch gerade diese Mühe hatte mein Leben belastet.

Immer wenn ich so angespannt war und mich selbst unter Druck setzte, hatte ich keine Freude mehr am Leben. Als kleines Mädchen war das anders gewesen. Da sagte ich, was ich dachte, und nahm nicht immer Rücksicht auf meine Lieben. Aber heute bin ich kein kleines Mädchen mehr. Darum stellte ich mir die Frage: Was will denn Gott? Hatte nicht Martin Luther den provozierenden Satz gesagt: »Fröhlich drauflos sündigen«?

Ich werde an meine Zeit erinnert, als ich als junges Mädchen im Jugendorchester spielte. Da sagte unser Musiklehrer uns: »Lieber mit Überzeugung einen Fehler machen, als das ganze Stück zurückhaltend und ängstlich spielen.« Das gefällt mir. Natürlich werde ich nicht mit Vorsatz in eine Falle laufen oder extra falsch »spielen«. Aber ich will den Mut haben, mein Leben anzupacken und dabei lieber etwas falsch machen, als aus Angst vor Fehlern lahmgelegt zu sein. Natürlich werde ich zu den Fehlern, den Missgeschicken stehen. Aber Gott ist verschwenderisch mit seiner Vergebung. Und das macht mich frei, mir auch selbst meine Fehler zu verzeihen.

»Barmherzig und gnädig ist der HERR,
geduldig und von großer Güte.«
(Psalm 103,8)

Feuerwerk

In unserer Nachbarschaft findet jedes Jahr anlässlich eines großen Volksfestes ein Feuerwerk statt. Auch in diesem Jahr sehen wir es uns an; mein Mann verzichtet nur ungern auf diesen gesellschaftlichen Höhepunkt. Meine Gefühle beim Feuerwerk sind eher gemischt. Ich denke an die Hunde, die den Krach nicht mögen und Ängste ausstehen. Und dann stelle ich Überlegungen an, was man mit dem ganzen Geld anstellen könnte, das da in den Himmel gejagt wird. Aber ich liebe meinen Mann und deshalb sehe ich mir das Spektakel trotzdem mit ihm zusammen an.

Ich staune über das Rot, Grün, Gelb, Silber und Gold, das sich über den Nachthimmel ergießt, schillernd und prächtig. Kaum haben wir den richtigen Standort gefunden, von dem aus wir das nächtliche Schauspiel bewundern können, ist schon alles vorüber. Noch etwas Rauch am Himmel und dann ist für dieses Jahr alles schon wieder beendet.

Ist mein Leben auch so wie dieses Feuerwerk, kommt es mir in den Sinn. Spektakulär, aufregend, manchmal laut und meistens bunt? Sind es die außergewöhnlichen Tage, die mich geprägt haben, oder doch eher die unbedeutenden, die auf den ersten Blick unwichtigen Tage? Auf dem Nachhauseweg versuche ich mich an meine persönlichen »Feuerwerkstage« meines Lebens zu erinnern.

Es gab Momente, in denen ich dachte, der Blitz habe eingeschlagen, ein wunderschönes Feuerwerk an meinem persönlichen Himmel. Urlaubstage gehören dazu, wenn ich beispielsweise staunend auf dem Gipfel eines Berges stand oder vor mir die Weite des Meeres bewunderte. Aber auch solche Augenblicke gehören zu den Höhepunkten: Als eine

Ärztin mir die Entlassungspapiere übergab und sagte, eine Operation sei nicht nötig. Oder als ich den Mann fürs Leben fand. Feuerwerksmomente.

Aber unser Leben besteht natürlich nicht nur aus solchen kurzen Augenblicken, die wie ein Feuerwerk schnell verrauschen. Ich wünsche mir, dass mein Leben Tiefgang hat. Mose formuliert es in Psalm 90 eindrucksvoll: *Herr, lehre uns bedenken, dass wir sterben müssen, auf dass wir klug werden.* Ich will meine Tage nicht wie ein Geschwätz verbringen, belanglos, oberflächlich, so als käme es nicht darauf an, was man sagt und tut. Aus himmlischer Perspektive betrachtet rauscht auch mein Leben schnell dahin. Aber mein Gebet ist, dass am Ende mehr bleibt als eine Rauchwolke am Himmel. Das schenke Gott.

>*»Erforsche mich, Gott, und erkenne mein Herz; prüfe mich und erkenne, wie ich's meine. Und sieh, ob ich auf bösem Wege bin, und leite mich auf ewigem Wege.«*
>(Psalm 139,23-24)

Füße

Heute Nachmittag habe ich einen Termin bei der Fußpflege, um mir anschließend in einem orthopädischen Schuhladen neue Einlagen machen zu lassen. Als ich heute Morgen während meiner stillen Zeit den Vers aus 1. Samuel 2,9 las, musste ich doch schmunzeln: *Er wird behüten die Füße seiner Heiligen.* War das Zufall oder bewies es mir wieder einmal, dass Gott Humor hat? Jedenfalls wusste ich nun, dass Gott mich auf diesen beiden Wegen, denen ich zunächst gar keinen tieferen geistlichen Sinn gegeben hatte, begleiten würde.

Dieses Erlebnis zeigte mir: Gott kümmert sich um mich von Kopf bis Fuß. Er hat Interesse an mir, an jedem Körperteil, an meiner Seele mit ihren Verstimmungen, ihren Hochs und Tiefs. Wenn er schon für meine Füße sorgt, wie viel mehr sorgt er dann auch für mein geistliches Wohl.

Wohin mich meine Füße tragen, bestimme ich natürlich selbst. Ich bitte ihn aber auch um seine Führung, damit ich nicht über Steine stolpere (Psalm 91,12). Es macht mich traurig, wenn ich einen falschen Weg eingeschlagen habe. Doch ich kann aus Fehlern lernen und umkehren.

Und was wären Füße ohne Schuhe? Gerade die Fußsohle ist ein besonders sensibler Teil des Körpers und unsere Füße brauchen Schutz. Henri Nouwen beschreibt in seinem Buch »Nimm sein Bild in dein Herz«, wie der zurückgekehrte, einst verlorene Sohn von seinem Vater eingekleidet wird. Der schenkt ihm nämlich u. a. auch neue Schuhe. Sie sollen ihn vor Verletzungen schützen und ihm Sicherheit und Stärke bieten. Denn nackte Füße waren damals ein Zeichen für Armut und Versklavung.

In dem Abschnitt über die »Waffenrüstung Gottes« im Brief an die Epheser werden wir aufgefordert, Schuhe zu tragen, die uns zu den Menschen bringen, denen wir das Evangelium der Gnade sagen dürfen. Hoffentlich »trampeln« wir damit nicht in ihr Leben, sondern machen vorsichtige Schritte, damit wir nicht die kleinen Pflänzchen des Glaubens zertreten!

Wie dankbar bin ich Gott an diesem Tag, dass er die Füße seiner Heiligen behüten wird.

»Lass meine Schritte fest sein
durch dein Wort.«
(Psalm 119,133)

Für alles danken

Zum Danken werden wir in der Bibel aufgefordert. Jede Situation, einfach alles soll ein Grund zum Danken sein. Aber da darf ich doch jetzt meine Zweifel haben, oder? Denn es fällt mir schon so einiges ein, für das ich nicht dankbar bin: all die kleinen und großen Ärgernisse, das Unbequeme, Unangenehme, eben die ganzen Un-Dinge – dafür soll ich danken? Soll ich meinen Verstand ausschalten und danken, weil Gott sich das so wünscht? Soll ich mit dem Hintergedanken dankbar sein, weil Gott sich dann erkenntlich zeigt und eine schwierige Situation in eine gute verwandelt? Lässt Gott das mit sich machen? Und wieso braucht der große, allmächtige Gott meinen Dank? Ist er darauf angewiesen? Das würde ich zu gern wissen.

Ich kenne Gottes Vaterherz noch viel zu wenig. Ich durchschaue seine Pläne nicht. Die Mittel, die er gebraucht, um seine Kinder zu sich zu führen und sie dann auch weiter zu geleiten, erscheinen mir zuweilen hart und grausam. Wie ist Gott? Bekomme ich darauf eine Antwort?

Vor allem ist Gott anders. Er macht sich nicht beliebt bei uns, er leistet sich das Leid in unserem Leben. *»Herr, und dann willst du auch noch, dass ich danke?«*, geht es mir durch den Kopf.

Wenn ich Gott auch für das Schwere danke, erkläre ich mich einverstanden mit seinem undurchschaubaren Handeln, das ich nicht verstehen kann. Ich schenke ihm mein Vertrauen, dabei ist mein Verstand nicht ausgeschaltet, aber er sieht weiter. Er hält sich daran fest, dass Gott gute Pläne mit uns Menschen hat. Sie mögen uns vielleicht unverständlich erscheinen, unfassbar. Aber Gott hat eine Ewigkeit Zeit, das Schwere, das Untragbare, das Unfassbare in Herrlichkeit zu verwandeln. Weitblick ist gefragt. Und Vertrauen.

Wenn ich dieses Vertrauen in meinem Herzen spüre, dann fällt mir auch das Danken angesichts schwieriger Situationen nicht mehr ganz so schwer.

»Dankt Gott unter allen Umständen!
Das will Gott von euch und
das ermöglicht er euch durch Christus.«
(1. Thessalonicher 5,18)

Gestörte Stille

Die Handwerker sind im Haus. Sie gehen treppauf, treppab, machen Dreck und Lärm, aber gute Arbeit. Ich muss früh aufstehen und vorsichtig sein, dass ich nicht über ihr Werkzeug stolpere. Sie arbeiten direkt vor dem Schlafzimmer, wo ich morgens bete und in der Bibel lese. Es sind nette Männer; das Radio, mit dem sie sich anscheinend ihre Arbeitszeit versüßen, spielt leise. Aber dabei kann ich mich nicht konzentrieren geschweige denn beten. Dann muss ich meine stille Zeit eben auf eine andere Tageszeit verlegen, beschließe ich.

Später am Tag, als es ruhiger um mich herum ist, lese ich die Bibel und stoße auf einen Text, in dem davon die Rede ist, dass Jesus sehr früh – schon vor Tagesanbruch – aufgestanden ist, um zu beten. Doch Simon kommt zu ihm und stört ihn. Und wie reagiert Jesus? Er lässt die Unterbrechung zu und wird aktiv.

Gebet ist wichtig. Jesus wusste das und suchte daher die Einsamkeit, das ungestörte Gespräch mit seinem Vater. Aber sein Leben war nicht nur ruhig und beschaulich. Er erlebte auch hektische, lebhafte Momente. Doch selbst dann war er sich beständig und ununterbrochen der Gemeinschaft mit seinem himmlischen Vater bewusst. So will auch ich abhängig sein von Gott möglichst den ganzen Tag lang und nicht nur in der Stunde am Morgen, die ich im Gebet verbringe.

Aber ich gebe zu, als die Handwerker mit ihrer Arbeit fertig sind und das Haus verlassen, genieße ich die Stille am Morgen mit meinem himmlischen Vater wieder ganz besonders.

»Meine Seele ist stille zu Gott, der mir hilft.
Denn er ist mein Fels, meine Hilfe, mein
Schutz, dass ich gewiss nicht wanken werde.«
(Psalm 62,2-3)

Gesundheit ist das Wichtigste — oder doch nicht?

Bei strömendem Regen versuche ich, auf dem engen Bürgersteig mit meinem Schirm an ein paar Passanten vorbeizukommen. Da erspäht mich ein Bekannter und es gelingt mir nicht, höflich grüßend einfach weiterzugehen. Er bleibt stehen und will ein paar Worte mit mir wechseln. Ich weiß schon im Voraus, worum es gehen wird. Denn darum geht es ihm immer: um seine Krankheiten und das Klagen über die fehlende Gesundheit. Das Wetter mache ihn depressiv, meint er, aber auch die Hitze sei nicht das Richtige gewesen. Bis ins kleinste Detail schildert er mir sein Leiden, die Beschwerden mit seinem Blutdruck werden detailliert beschrieben. Andererseits sei der Blutdruck doch nicht so schlecht, denn er ernähre sich ja so gesund. Das war mir schon an dem mir entgegenwehenden Knoblauchgeruch aufgefallen. Die Litanei des Klagens will kein Ende nehmen.

Ich muss so bei mir denken, was wohl passieren würde, wenn er tatsächlich kerngesund wäre. Es hat den Anschein, als seien seine Krankheiten der Sinn seines Lebens geworden. Jesus hatte schon seine Gründe, als er einen Menschen fragte: »Willst du gesund werden?« Er hatte das nötige psychologische Feingefühl. Er erkannte, ob ein Mensch seine Krankheit zum Lebensinhalt machte. Manchmal ist es einfacher, krank zu bleiben, weil man mit diesem Zustand vertraut ist. Man braucht nichts zu verändern im Leben, sondern klagt einfach weiter und hofft auf das Mitgefühl der anderen.

Mir ist es wichtig, gut für meinen Körper zu sorgen, schließlich beschreibt ihn die Bibel als Tempel des Heiligen Geistes. Dieses »Gebäude« darf ich nicht vernachlässigen, ich soll auf gute Ernährung und genügend Bewegung achten. Aber andererseits lebe ich auch nicht für meine Gesundheit – oder meine Krankheit, je nachdem –, sondern ich diene Gott mit meinem Körper, so gut es eben geht. Als ich meinen lästigen Gesprächspartner wieder los bin, erfüllt mich ein Gefühl von Dankbarkeit. Gott hat auch mir schon Zeiten der Krankheit zugemutet, aber auf die Frage Jesu »Willst du gesund werden« habe ich immer aus tiefstem Herzen geantwortet: »Ja, mit deiner Hilfe.«

*»Ich danke dir dafür, dass ich erstaunlich
und wunderbar gemacht bin.
Wunderbar sind deine Werke,
und meine Seele erkennt das wohl.«*
(Psalm 139,14)

Glücksgefühle

Was macht mich glücklich? Auf diese Frage wird jeder Mensch eine andere Antwort haben. Was mir Spaß macht, wird einen anderen langweilen, und etwas, das ein anderer mit großer Leidenschaft verfolgt, kann für mich Stress bedeuten.

Als ich meine erste Arbeitsstelle angetreten und auch meine erste eigene Wohnung bezogen hatte, schaute ich nach Feierabend gern bei meinen Eltern vorbei. Meistens fragte mich meine Mutter dann: »Willst du etwas essen, ich habe noch ein bisschen Fleisch von heute Mittag und noch Gemüse und Kartoffeln. Komm, setze dich einfach hin.« Dann wärmte sie die Köstlichkeiten auf dem Herd für mich auf und der Einfachheit halber ließ ich mir das Festmahl gleich aus dem kleinen Topf schmecken. Ich zerdrückte die Kartoffeln in der Soße und ließ es mir schmecken. Als sich meine Mutter dann noch zu mir setzte und mich fragte, wie mein Tag denn so gewesen sei, konnte ich ihr alles erzählen und mein Glück war vollkommen.

Angesichts der Szene, wie ich bei meiner Mutter in der Küche sitze und die Reste vom Mittagessen genieße, kommt mir das Bibelwort aus Psalm 34 in den Sinn: »*Schmecket und sehet, wie freundlich der Herr ist, wohl dem, der auf ihn traut.*« Die Vergleiche in der Bibel kann man auch heute noch gut verstehen. Es ist die Rede von Brot, von Wein, von Wasser und vielem anderen, was wir uns vorstellen können. Ich kann also schmecken, wie freundlich der Herr ist. Ich kann es mir auf der Zunge zergehen lassen und die Tatsache genießen, dass ich diesem freundlichen Gott vertrauen darf. Die Nahrung, die wir durch unseren Mund aufnehmen, kommt uns ganz nah. Genauso nah will Gott uns kommen, näher als irgendein Mensch.

Was wir essen, macht uns satt und gibt dem Körper das, was er zum Leben braucht. Das gilt auch für die geistliche Nahrung: Nehme ich das, was ich in der Bibel lese, auch hungrig und mit großem Verlangen zu mir? Denn wirklich innerlich satt werde ich nur bei Gott, nirgends sonst. Aus diesem Grund kann ich Glück und Gott nicht voneinander trennen. Es gibt so vieles, was mir Freude macht und was ich ungern vermissen würde. Aber alles wäre nichts ohne meinen Vater im Himmel. Deshalb lasse ich es mir an seinem »Tisch« immer wieder schmecken. Zum Glück bin ich jederzeit eingeladen.

»Du bereitest vor mir einen Tisch
im Angesicht meiner Feinde.«
(Psalm 23,5)

Gute Orientierung

»Haben Sie ein Navi?«, fragt uns der freundliche Mann auf dem Parkplatz. Nein, haben
wir nicht, aber mein Mann hat einen ausge-
sprochen guten Orientierungssinn und kann
außerdem noch Karten lesen.

Wir alle brauchen Orientierung in unserem
Leben. Wenn wir manchmal nicht wissen, wo
es langgeht, sind wir vielleicht zunächst ver-
unsichert. Aber Gott hat uns Entscheidungs-
hilfen gegeben, zuerst haben wir natürlich
unseren gesunden Menschenverstand. Welcher Weg könnte richtig sein, soll ich mich
für dieses Produkt entscheiden oder lieber
ein anderes, soll ich meine Meinung äußern

oder lieber still sein. Jeden Tag stehe ich vor vielen Wegkreuzungen, die mir kleine oder größere Entscheidungen abverlangen. Da hilft es mir, wenn ich mich auf meinen gesunden Menschenverstand verlassen kann.

Aber es gibt auch Entscheidungen, die ich mit Gott abklären will. Jeden Morgen in meiner Andacht bitte ich Gott um seine Führung für den vor mir liegenden Tag. Er leitet mich auch durch sein Wort und zeigt mir die Richtung. Außerdem darf ich auf das Eingreifen seines Heiligen Geistes hoffen. Wenn Jesus in uns lebt und wir seinen Geist haben, merken wir manchmal, dass wir in einer Situation innerlich zurückgehalten werden, etwas zu sagen, oder ein andermal spüren wir, jetzt darfst du nicht schweigen, sondern sollst mutig deine Meinung äußern.

Aber manchmal weiß ich trotzdem nicht, ob ich rechts oder links gehen soll, was richtig und was falsch ist. Ich habe die gute Erfahrung gemacht, in solch einem Fall einfach einen Weg einzuschlagen im Vertrauen auf Gott. Selbst wenn Angst und Unsicherheit hochkommen, setze ich einen Schritt vor den nächsten. Gott wird mir zeigen, wenn die Entscheidung falsch war.

1. Befiehl du deine Wege
und was dein Herze kränkt
der allertreusten Pflege
des, der den Himmel lenkt.
Der Wolken Luft und Winden
gibt Wege, Lauf und Bahn,
der wird auch Wege finden,
da dein Fuß gehen kann.

2. Dem Herren musst du trauen,
wenn dir's soll wohlergehn;
auf sein Werk musst du schauen,
wenn dein Werk soll bestehn.
Mit Sorgen und mit Grämen
und mit selbsteigner Pein
lässt Gott sich gar nichts nehmen;
es muss erbeten sein.
(Paul Gerhardt)

Lachen ist gesund

Eine Kollegin sagte mir einmal: »Wir haben dich vermisst, als du im Urlaub warst.« Darüber habe ich mich natürlich gefreut. Ich vermutete hinter dieser Bemerkung ein Lob für meine wertvolle Arbeitskraft, auf die sie verzichten mussten, und dachte, sie seien ohne mich unter der Arbeitslast zusammengebrochen. Doch dann fuhr meine Kollegin fort: »Dein Lachen in der Kantine hat uns echt gefehlt.« Na ja, auch gut, dachte ich so bei mir.

Es macht mir tatsächlich viel Spaß, andere zum Lachen zu bringen. Witze und kleine lustige Geschichten kann ich mir gut merken.

Bibelverse übrigens auch, was ja vielleicht noch wichtiger ist. Aber mit dem Humor ist das so eine Sache. Ein bisschen Feingefühl gehört schon dazu, finde ich. Manche Menschen lachen über andere und merken gar nicht, wie sehr es den einen in der Gruppe betroffen macht und auch nicht alle mitlachen. Scherze auf Kosten anderer sind nicht fair.

Aber es gibt auch Menschen, die über sich selbst lachen können. Eine Frau, die erblindet war, sagte mir einmal, sie habe die Seife in den Kühlschrank gelegt und die Ölsardinen in den Wäscheschrank. Dabei lachte sie herzlich. »So etwas kann nur einem Blindling passieren«, war ihr Kommentar.

Neulich schickte ich Freunden, mit denen ich auch herzlich lachen kann, eine Karte aus der Kur. »Hier gibt es Leute, die haben Atemprobleme, und andere haben eine Meise. Ich habe keine Atemprobleme.« Es tut gut, wenn man über sich selbst lachen kann. Vieles im Leben wird leichter durch eine gute Portion Humor.

In der Bibel finden wir keine Stelle, wo darüber berichtet wird, dass Jesus lachte. Allerdings steht in der Heiligen Schrift, dass Jesus weinte. Sicher war er fröhlich, wenn er auf einer Hochzeit eingeladen war und mitfeierte und mit seiner Mannschaft unterwegs war. Aber sein Auftrag war ernst. Es war die größte und schwierigste Sache, die ein Mensch je tragen und bewältigen sollte. Eine Menschheit dem Bösen abzukaufen, die Menschen erlösen. Damit sie etwas zum Lachen und Freuen haben. In alle Ewigkeit.

»Honigseim sind freundliche Worte, süß für die Seele und gesund für den Leib.«
(Sprüche 16, 23)

Reaktionen und Erwartungen

Ich halte meinem Mann ein Foto von mir aus der Jugendzeit unter die Nase. »Schau mal, so hübsch war ich mal!« – »Und wer ist die Frau da neben dir?« Mit dieser Reaktion hatte ich nicht gerechnet, sie entsprach so gar nicht meinen Erwartungen. Auch meiner Großmutter erging es ähnlich. Die folgende kleine Szene muss sich mehrmals ereignet haben: Der Sonntagsbraten war ihr wieder einmal besonders gut gelungen und so erwartete sie lobende Worte von ihrem Mann, meinem Opa. Stattdessen kam nur die nüchterne

Frage: »Wo hast du den gekauft, bei Metzger Müller oder Schmidt?« Auch ihre Erwartungen wurden nicht erfüllt und nicht immer trug sie das mit Humor.

Heitere Gelassenheit auf ausgebliebenes Lob, das wünsche ich mir. Das Leben wäre ja auch total langweilig, wenn wir immer nur das zu hören bekämen, was uns gefällt und was uns einfach nur guttut. Viel besser ist es, wenn wir geduldig und mit Humor auf das reagieren, was andere so von sich geben. Vor allem, wenn es dem Partner an Einfühlungsvermögen mangelt und wir es mit Humor nehmen, schonen wir dadurch unsere Nerven und regen uns weniger auf.

Aber es gibt auch Menschen wie unseren Sohn Thomas; er hatte schon sehr früh ein gutes Gespür dafür, was Frauen von ihren Männern erwarten. Als ich einmal etwas aufgebrezelt in der Küche erschien, wo er gerade sein Abendessen zu sich nahm, fragte ich meinen Mann »Na, wie sehe ich aus?« Darauf Thomas mit einem verschmitzten Lächeln. »Papa, sag jetzt nichts Falsches.«

Kein Mensch kann ohne Lob und Anerkennung leben, jedenfalls nicht auf Dauer. Aber andererseits sollten wir uns auch nicht von dem Urteil anderer abhängig machen und so lange in einer Wartehaltung verharren, bis das, was wir sind, denken, glauben und wissen die volle Unterstützung unserer Mitmenschen findet. Denn dann sind wir nicht mehr frei. Diese Art von Warten macht aus uns Gefangene. Vielleicht müssen wir ja manchmal etwas tun, das keinem gefällt, wofür uns niemand lobt oder Anerkennung zollt. Wenn wir aber wissen, dass es das Richtige ist, tun wir es trotzdem. Eben aus Überzeugung. Und wenn wir dafür nicht gelobt werden, dürfen wir wissen, dass einer uns sieht und uns unterstützt: Das ist unser Vater im Himmel.

Alles, was ihr tut, das tut von Herzen
als dem Herrn und nicht den Menschen.
(Kolosser 3,23)

Freie Fahrt

Ich bin im Stress. Aber bei Stress sollte man nicht Auto fahren. Doch ich habe einen Termin und darum bete ich, während ich fahre. Meine Worte klingen nicht wie ein Gebet, es ist eher ein Klagen, ich beschwere mich. *Darf ich das?*, geht es mir durch den Kopf. Bei meinem Gott schon. Langsam komme ich zur Ruhe. *Konzentrier dich auf heute, auf diesen Tag,* so kommt es mir in den Sinn und mehrere Male sage ich es laut: Heute, heute …

Die Straße wird ausgebessert, auf meiner Seite ist eine Baustelle. Ein kleiner Stau entsteht und ich muss anhalten, warten. Da tritt ein Bauarbeiter auf die Fahrbahn, hebt die linke

Hand, stoppt den Gegenverkehr und winkt mich durch. Diese kleine Geste tut mir gut. Ich fahre los und freue mich. »Bitte, Herr, schick mir heute noch mehr Gelegenheiten, bei denen ich durchgewunken werde.« Freie Fahrt.

Als ich vor der Rezeption bei der Kranken-gymnastik stehe, sagt mir eine freundliche Dame: »Sie sind genau eine Stunde zu früh! Aber Sie haben Glück, gerade hat jemand ab-gesagt!« *Und wieder freie Fahrt*, denke ich. Man hat mich nochmals durchgewunken. »Danke Gott! Was für ein Tag!«

»Zeige mir den Weg, den ich gehen soll. Auf dich richte ich mein Herz und meinen Sinn.«
(Psalm 143,8)

Suchen

Vierzehn Tage lang habe ich meinen Schlüs-
selbund gesucht. Meine kleine Enkelin hatte damit gespielt und danach war er weg.
Es machte mich nervös, besonders weil
auch mein Autoschlüssel an dem Bund war.
Das Auto stand fahrbereit vor der Tür, aber
ich konnte es nicht nutzen, weil ich keinen
Schlüssel hatte. Ich schickte viele Gebete
gen Himmel. Das ging eine ganze Weile so.
Schließlich fand mein Mann den Schlüssel-
bund im Küchenschrank zwischen Müsli und
Haferflocken. Er hielt ihn mir vor die Nase
und fuchtelte mit dem heiß ersehnten Objekt
vor meiner Nase herum, ein triumphieren-
des Lächeln im Gesicht. Etwas wiederzufin-

den, macht Spaß! Und Suchen macht Sinn, wenn man fündig wird.

Und wie ist es mit Gott? Finden wir ihn, wenn wir uns auf die Suche nach ihm machen? Die Bibel ist voll von Geschichten, in denen Menschen auf die Suche nach Gott gehen. David schreibt in Psalm 34,5: »*Da ich den Herrn suchte, antwortete er mir und errettete mich aus aller meiner Furcht.*« Und wenig später in Vers 11: »*Reiche müssen darben und hungern; aber die den Herrn suchen, haben keinen Mangel an irgendeinem Gut.*« Wenn man Gott erst einmal gefunden hat, geht man immer wieder auf die Suche nach ihm: Morgens sucht man ihn auf im Gebet. Wenn die Lebenswege verwirrend sind, wenn alles dunkel erscheint und wir nicht mehr weiterwissen, dann suchen wir ihn, weil er das Licht unseres Lebens ist. Von Josef heißt es in der Bibel: »Ich suche meine Brüder.« Gläubige Menschen wollen nicht allein bleiben, sondern machen sich auf die Suche nach Brüdern und Schwestern, die ihnen Wegbegleiter im Glauben sind.

Das Suchen ist ein zutiefst biblisches Thema. Nicht nur wir sind Suchende, sondern Gott selbst geht auf die Suche nach uns. Seinen eigenen Sohn schickt er los. In Lukas 19,10 ist zu lesen: »*Denn der Menschensohn ist gekommen, zu suchen und selig zu machen, was verloren ist.*« An manchen Stellen in der Bibel werden wir mit Schafen verglichen, die sich verirrt haben und die der gute Hirte sucht. Er geht uns nach, unermüdlich, voller Geduld. Er gibt nicht auf, bis er uns gefunden hat.

Oder welche Frau, die zehn Silbergroschen hat und einen davon verliert, zündet nicht ein Licht an und kehrt das Haus und sucht mit Fleiß, bis sie ihn findet? Und wenn sie ihn gefunden hat, ruft sie ihre Freundinnen und Nachbarinnen und spricht: Freut euch mit mir; denn ich habe meinen Silbergroschen gefunden, den ich verloren hatte. So, sage ich euch, ist Freude vor den Engeln Gottes über einen Sünder, der Buße tut.
(Lukas 15,8-10)

Hut ab

Es ist ein kalter Wintertag und ich treffe meine Friseurin. *Meine* Friseurin stimmt nicht ganz, denn den Kurzhaarschnitt, der sich unter meiner dicken Wollmütze verbirgt, hat mir ein anderer Friseur verpasst. Ich wechsle den Friseur häufig, vielleicht erwarte ich, dass eines Tages ein Haarkünstler meine Lockenpracht von früher auf meinen Kopf zaubert. Meine Friseurin ahnt nichts von meinem neuen Haarlook dank der besagten Mütze. Doch ich habe ein mulmiges Gefühl und komme mir irgendwie unaufrichtig vor.

So geht es mir auch in anderen Situationen, wenn ich z. B. mit jemandem rede und der andere nicht weiß, was sich unter meiner Mütze verbirgt. Es muss ja auch nicht jeder wissen, was ich denke. Aber Gott kennt meine Gedanken. Nicht nur die, er kennt auch meine Motive, das was sich dahinter verbirgt, vor ihm bin ich wie ein aufgeschlagenes Buch.

Ein schöner Gedanke? Oder macht er mir Angst, verursacht bei mir ein beklemmendes Gefühl? Das kommt ganz darauf an, wie mein Verhältnis zu meinem Vater im Himmel ist. Er weiß alles und versteht alles. Mich und meine Freunde. Und die weniger freundlichen Menschen in meinem Leben. Er vergibt mir Groll und Feindseligkeiten, wenn ich ihm mein Herz öffne. Er ist barmherzig und auf eine göttliche Art gerecht. Hut ab vor dem großen Gott.

»Erforsche mich, Gott, und erkenne mein Herz, prüfe mich und erkenne meine Gedanken. Und sieh, ob ich wandle auf trüglichem Wege und leite mich auf dem ewigen Wege.«
(Psalm 139,34)

Rumkruschteln

Kennen Sie den Ausdruck »rumkruschteln«? Das ist ein Hobby von mir. Wenn ich in den Wald gehe, sammle ich gern Tannenzapfen, kleine Eicheln, Steine und Moos. Daheim lege ich dann meine Kostbarkeiten auf ein Tablett und überlege, was ich damit anfangen kann. Auf die Steine schreibe ich gern einen Bibelvers. Auf die eine Seite »*Alle eure Sorgen werft auf ihn*« und auf die andere »*denn er sorgt für euch*«.

Langeweile ist mir fremd. Zum Glück haben wir genug Platz, um all die Schätze, die ich sammle, aufzuheben. Ich nehme die leuchtend blauen Ohrringe in die Hand, die mir mein Stiefsohn geschenkt hat, nachdem ich meinen Mann und seine Söhne kennengelernt habe. Obwohl ich sie nie getragen habe, weil sie doch sehr auffällig sind, will ich sie nicht weggeben. Sie erinnern mich an den kleinen Jungen, der mir eine Freude machen wollte. Und es war eine Freude. Ich blättere die Bilder durch, die die beiden für mich gemalt haben. Ich male selbst Aquarellbilder und schneide sie auseinander. So entstehen Lesezeichen oder ich verziere Briefe damit.

Dann habe ich noch ein Kästchen, in das ich originelle Sprüche lege. Das Kästchen habe ich mit hübschem Papier beklebt. Und da ist auch noch die uralte Kiste, die mein Großvater mal angefertigt hat. Auch sie findet Verwendung. Kleine Andenken lege ich hinein. Aus Kalenderbildern bastle ich hübsche Briefumschläge. Vor etlichen Jahren bekam ich Stoffe geschenkt und eine alte Nähmaschine. Es ist herrlich, in den alten geschenkten Stoffen herumzuwühlen und daraus kleine Geschenke zu nähen. Herzen, die ich mit Zierbändern und Knöpfen versehe, verschenke ich manchmal. Auch Lavendelkissen, die man in den Schrank legen kann. Meine Tagebücher bekommen einen Einband aus hübschen Stoffen. Wenn ich etwas verschenke, sage ich gewöhnlich: Dieses Herz (oder was immer es ist) hat kleine Fehler. Aber ich schenke es dir von Herzen und es soll dir zeigen, dass wir alle fehlerhaft sind. Auch das, was wir tun, ist nicht perfekt. Und deshalb ist es originell und ein »Unikat«.

Je nach Jahreszeit presse ich bunte Blätter oder Blüten, die ich auf Spaziergängen finde. Und wenn ich es nicht vergesse, nehme ich auf Waldspaziergängen eine Tüte mit, um meiner Sammelleidenschaft zu frönen. Leere Obst- und Gemüsegläser werden zu Vasen, indem ich sie mit Stoffen und Knöpfen beklebe.

In einem schönen Bildband von Ingrid Trobisch, »Haus der Geborgenheit«, habe ich gelesen: »Seelenprojekte bringen ein Lächeln auf deine Lippen, Licht in deine Augen. Neue Energie in dein Herz, Freude für alle um dich herum. Seelenprojekte sind wie ein heilendes Öl auf den wunden Stellen deines Herzens.«

Fröhlich lass sein in dir,
die deinen Namen lieben!
(Psalm 5,12)

Freue dich mit mir

»Freue dich mit mir. Es ist so traurig, sich allein zu freuen«, schieb Lessing in Emilia Galotti. Ja, das stimmt. Wenn ich mich freue, dann halte ich es fast nicht aus – ich muss es jemandem mitteilen. Egal wem. Fast egal. Wenn mein Mann gerade nicht da ist, greife ich zum Telefon und beglücke meine Mutter, meine Schwester oder eine Freundin mit der Freudenbotschaft. Und wenn etwas Trauriges passiert, dann muss ich mich erst recht jemandem anvertrauen. Dann hole ich mir meine Taschentücher, setze mich auf meinen Lieblingssessel und lasse erst einmal die Tränen laufen. Gut, dass Gott mir zuhört. Aber die Freudenmomente sind doch wirklich die schöneren. Da bin ich vor Aufregung ganz aus dem Häuschen. Wie gut, wenn sich jemand mitfreut. Inzwischen weiß ich auch, wen mein Glück ganz besonders freut, deren Namen stehen ganz oben auf meiner Anrufliste. Bei anderen, die meine Freude vielleicht gar nicht teilen oder sie sogar trüben würden, melde ich mich vorsichtshalber gar nicht erst.

Es ist schon viele Jahre her, aber ich kann mich noch gut erinnern. Ab und zu war ich ziemlich traurig darüber, dass ich single war. Als dann eine Freundin anrief und mir voller Freude mitteilte, dass es bei ihr jetzt doch mit dem heißersehnten männlichen Wesen geklappt habe, freute ich mich zwar mit ihr, aber es mischte sich auch etwas Schmerz in die Freude. Sie hatte doch erst vor Kurzem mit dem einen Freund Schluss gemacht und nun hatte sie so schnell ihr großes Glück gefunden. War ich neidisch auf sie, überlegte ich. Nein, eigentlich nicht. Ich gönnte ihr ihr Glück. Damals entdeckte ich einen Kalenderspruch: »Wer sich an dem Glück des anderen freut, dem wächst das eigene.« Daran hielt ich mich. Ich beschloss, mich wirklich über ihr Glück zu freuen und fröhlich mit ihr zu feiern, als ich zu ihrer Hochzeit eingeladen wurde. Und dann dauerte es gar nicht mehr lange, bis ausgerechnet ich diejenige war, die den besten und liebsten Mann der Welt ergatterte, mit dem ich inzwischen sogar schon Silberhochzeit gefeiert habe.

»Die Freude am Herrn ist eure Stärke.«
(Nehemia 8,10)

Dies ist der Tag, den der Herr macht

»Dies ist der Tag, den der Herr macht, lasst uns freuen und fröhlich an ihm sein.« Als ich diesen Vers aus Psalm 118,24 las, stimmte er mich nachdenklich. Denn was ist denn, wenn man diesen Vers an einem Tag aufschlägt, an dem man eher nicht so froh gestimmt ist? Ist es tatsächlich so, dass Gott auch die schweren, die unliebsamen Tage macht? Im Leben eines jeden Menschen gibt es Leid und Unannehmlichkeiten. Es gibt Tage, an denen wir uns wünschen, sie wären schnell vorüber. Da klagen und weinen wir.

Dunkle Tage sind geheimnisvoll, weil sich Gott etwas dabei gedacht hat. Er hat in seine göttliche Planung das Leid mit eingebaut. Nicht damit wir verzagen. Nicht damit wir scheitern. Sondern damit wir das Schreien, das Weinen, das Flehen lernen. »Gott, wo bist du?« – »Hilf mir, da durchzukommen. Ich kann nicht mehr.« Wir dürfen unsere Klagen vor Gott bringen, dabei sollten wir ihn aber nicht anklagen. In 1. Petrus 5,10 steht, dass Gott uns zubereitet durch eine »kurze Zeit des Leidens«. Wenn diese Aussage nicht in der Bibel stünde, würde ich sie für eine Übertreibung halten. Denn so kurz ist das Leiden mitunter ja gar nicht. Im Gegenteil, es ist meistens zu lange. Jedenfalls kommt es mir so vor.

Aber dann kommt mir ein anderer Gedanke in den Sinn: Gott hat eine Ewigkeit Zeit, um uns Menschen zu trösten. In der Offenbarung können wir lesen, dass er uns die Tränen abwischen wird, und das bedeutet doch, wir weinen noch, wenn wir bei ihm da oben ankommen. Von Gott getröstet zu werden, das ist ein viel größeres Glück als alles Wunderbare auf Erden. Mehr Glück als die Liebe zwischen zwei Menschen, als die Erfüllung aller nur möglichen irdischen Träume. Das ist unvorstellbarer Trost pur, kein Vertrösten auf die Ewigkeit.

Deshalb will ich anfangen, mich zu freuen. Auch wenn es vielleicht unter Tränen ist. Er wird uns trösten wie eine Mutter. Wie die beste Mutter, die man sich vorstellen kann. Paulus hat das so ausgedrückt: »Wenn wir nur in diesem Leben auf Christus hofften, wären wir die elendsten aller Menschen.« Christen haben den Durchblick, den Aufblick und den Einblick auf ewige Dinge. Da wird noch so einiges auf uns zukommen. Ich bin jedenfalls gespannt.

»Alles ist heilsam, was uns daran erinnert,
dass unsere Zeit ein Ende hat.«
(Friedrich von Bodelschwingh)

Gut leserlich

Ich lese und schreibe gern. Aber manchmal haben andere Probleme mit meiner Schrift. Einmal schickte ich Freunden eine Ansichtskarte von London. Sie konnten sich denken, dass sie von mir war, weil sie wussten, dass ich mich in England aufhielt. Aber was ich ihnen schrieb, das konnten sie nicht entziffern. Als ich davon erfuhr, war es mir unangenehm, und ich dachte so bei mir: Welchen Sinn hat es, dass ich anderen schreibe, wenn sie meine Handschrift einfach nicht entziffern können?

Oder ich denke an die Sache mit dem Einkaufszettel. Mein Mann war losgezogen, den

Einkaufszettel in der Tasche. Da stand er nun vor der Fleischtheke im Supermarkt und versuchte, aus meiner Liste schlau zu werden. »Feine Wurst« hatte ich geschrieben, aber er entzifferte »Keine Wurst«. Daran hielt er sich brav und ging daran vorbei. *So ein Käse*, dachte ich hinterher. Und er meinte: »Ist mir doch Wurst …«

Seitdem gebe ich mir mehr Mühe, größer und deutlicher zu schreiben.

In der Bibel steht, dass wir ein Brief Christi sind. Das ist interessant. Aber wie sieht ein Brief Christi aus? Auf jeden Fall fröhlicher, als die meisten Christen es tun, soll ein kluger Mensch einmal gesagt haben. Soll man als Brief Christi immer lächeln? Oder immer ein geistliches Lied vor sich hin summen?

Eine ehemalige Nachbarin kam gern bei mir vorbei. Nachbarinnen sind ja irgendwie unberechenbar, weil sie nicht erst anrufen, bevor sie vorbeikommen. Sie stehen auf einmal da, der Weg ist ja nicht weit. Diese Nachbarin kam jedenfalls immer unangekündigt vorbei, manchmal, wenn ich mich gerade über etwas gefreut hatte, aber auch dann, wenn ich gerade wütend war. Sollte ich dann schnell beim Klingeln umschalten und mir ein erlöstes Lächeln auf die Lippen zaubern? Einmal sagte sie zu mir: »Ich dachte, Christen sind immer fröhlich, aber ihr seid so normal.« Sie erwähnte aber auch die besondere Atmosphäre in unserem Haus. *Das sind die Gebete,* dachte ich. Und wie ist es nun damit, dass wir für andere wie ein »Brief« von Gott sind, den sie lesen können? Ich denke, wir sollen ehrlich sein und echt, authentisch eben. Der Herr Jesus lebt in uns und unsere Mitmenschen spüren das. Wie das genau funktioniert, weiß ich auch nicht. Aber große Anstrengungen sind da nicht nötig.

»Denn Gott hat uns nicht einen Geist der Ängstlichkeit gegeben, sondern den Geist der Kraft, der Liebe und der Besonnenheit.«
(2. Timotheus 1,7)

34

Auf den Zahn gefühlt

Mund auf, Augen zu. Ich bin beim Zahnarzt, liege auf dem Behandlungsstuhl und harre ergeben der Dinge, die da kommen. Wer geht schon gern zum Zahnarzt? Zwei Augenpaare schauen interessiert in meinen Mund, der weit aufgesperrt ist. Mir ist nicht ganz klar, was da geschieht, und ich will es auch nicht so genau wissen. »Was ist denn das?«, meint da der Zahnarzt plötzlich und ich erkläre ihm, als mir das Sprechen wieder möglich ist, dass er das niemals sagen dürfe. So eine Frage mache den Patienten unruhig. Der Zahnarzt zeigt dafür Verständnis, dass seine Bemerkung mich irritiert hat, und erklärt mir daraufhin ausführlich, dass ein größerer

Eingriff an einem Backenzahn vorgenommen werden muss.

Bei schmerzhaften Behandlungen bekommt man eine Spritze, das ist angenehm, wenn man mal davon absieht, dass man aufgrund der lange anhaltenden Betäubung noch eine ganze Weile danach einen schiefen Mund hat, der einen an den Zahnarztbesuch erinnert. Essen und Trinken ist dann vorerst unmöglich. Sobald die Spritze ihre Wirkung entfaltet und die Behandlung beginnt, sage ich zu mir selbst: »Tief in den Bauch atmen.« Das entspannt. Worauf könnte ich mich konzentrieren? Ach ja, ich könnte beten. Für den Zahnarzt, für die Zahnarzthelferin, für die Mitarbeiter in der Praxis, für die Patienten.

In dem Wort *Behandlung* steckt das Wort *Hand*. Ein Zahnarzt und die Zahnarzthelferin gebrauchen ihre Hände, geschickt basteln sie an meinen Zähnen und ich fiebere dem erlösenden Satz »Wir sind fertig« entgegen.

Gut, dass es Ärzte, Zahnärzte und Therapeuten gibt. Ob sie ahnen, dass ihre Patienten für sie mitunter Gebete gen Himmel schicken?

Jedenfalls bin ich dankbar für diese medizinisch geschulten Menschen.

»Wir können Gott kein größer noch besser
Werk tun noch edleren Gottesdienst erzeigen,
denn ihm danken.«
(Martin Luther)

Frühling

Der Frühling ist schön, besonders wenn die Sonne scheint und ich Zeit habe, mich draußen aufzuhalten. Aber der Frühling bringt auch Probleme mit sich. Die Fenster müssen geputzt werden und wir haben außerordentlich viele davon. Überhaupt sieht man den Staub mehr, wenn die Sonne ins Zimmer scheint. Der Garten schreit förmlich nach einer Gärtnerin, die einfach nicht weiß, wie sie Köchin, Putzfrau, hingebungsvolle Ehefrau und womöglich noch liebe Omi in einem sein soll. Außerdem will ich laufen, jeden Tag etwa eine Stunde, denn Frühlingszeit ist auch Abnehmzeit. Im Frühjahr purzeln die Pfunde am leichtesten, habe ich irgendwo gelesen.

Aber woher nehme ich die Zeit für das alles? Beim Beten könnte ich Zeit sparen, kommt mir in den Sinn. Ich lese morgens meine Bibel und dann bete ich »laufend«. Das geht nämlich gut und fällt mir leichter als auf meinem Sessel.

Dann kommt mir in den Sinn: Wenn mein Mann mehr im Haus helfen würde, hätte ich auch mehr Zeit. Und so werfe ich ihm vor: »Du hilfst zu wenig. Und stur bist du auch«, behaupte ich. Als er sich einsichtig zeigt, bekomme ich aber ein schlechtes Gewissen und will ihn nicht überfordern. Hilfe, was ist nur mit mir los. Da beschwert man sich über die Politiker und ihr Gezänk, aber selbst …

Schließlich finde ich doch ein paar gute Lösungen. Ich nehme mir vor, den Haushalt etwas lockerer zu nehmen. Mein Mann freut sich sowieso mehr über mein Lachen als über glänzende Fensterscheiben. Ich werde sie putzen, wenn der Blütenstaub nicht mehr in der Luft ist. Vielleicht kann ich es mir beim Kochen etwas leichter machen, indem ich größere Portionen zubereite und die Reste dann einfriere. Und ich will auch nicht mehr zu stolz sein, um meinen Mann um seine Mithilfe zu bitten, das ist jedenfalls besser, als ihn mit Vorwürfen zu bombardieren. Und mein Herz will ich für die Freude öffnen. Denn das gibt Kraft für die kleinen und großen Tätigkeiten. Und so kommt mir ein dankbares Gebet über die Lippen: »Danke für den Frühling, für die Sonne und die Osterglocken und dass ich das Leben genießen kann, selbst wenn es im Haus staubig ist, die Fenster vorerst ungeputzt bleiben und im Garten das Unkraut wächst. Danke, dass du Freude an mir hast, Gott, selbst wenn ich nicht perfekt bin, nicht einmal annähernd.«

1. Die helle Sonn leucht' jetzt herfür,
fröhlich vom Schlaf aufstehen wir;
Gott Lob, der uns in dieser Nacht
behüt hat vor des Teufels Macht.

2. Herr Christ, den Tag uns auch behüt
vor Sünd und Schand durch deine Güt,
und lass die lieben Engel dein
unsere Hüter und Wächter sein,

3. dass unser Herz in G'horsam leb,
dein Wort und Willn nicht widerstreb,
dass wir dich stets vor Augen han
in allem, das wir fangen an.

4. Lass unser Werk geraten wohl,
was ein jeder ausrichten soll,
dass unsre Arbeit, Müh und Fleiß
gereich zu dei'm Lob, Ehr und Preis.
(Nikolaus Herman)

Geh neue Wege

Wenn du einen Bettler am Straßenrand siehst, dann leg ihm doch mal einen Schein in die offenen Hände. Erfreu dich an seinem überraschten Blick …

Kauf deinem Kind auch mal bei klirrender Kälte ein Eis. Sei nicht so vorhersehbar, mach einfach mal etwas anders.

Wenn dich jemand nach dem Weg fragt, dann fahr ihn ein Stück mit dem Auto und lass es dir auf keinen Fall bezahlen.

Hör einem Menschen zu, wenn er seine Geschichte erzählt. Unterbrich ihn nicht und nimm ihn so ernst, als wäre er der Pfarrer in der Kirche oder der Professor an der Universität. Hör aufmerksam zu, versuche zu verstehen, auch wenn seine Worte einfach sind ...

Es sind die Kleinigkeiten, die unserem Leben eine neue Richtung geben. Wir unterbrechen uns selbst in unserem gewohnten Rhythmus und machen kleine Türen für die Freude auf. Es kostet uns nicht viel, vielleicht ein paar Euro und auch etwas Zeit. Wir lassen uns den Blick schärfen für die Möglichkeiten, anderen Freude zu bereiten. Und wenn es »nur« ein stilles Gebet ist ...

»Zeige mir den Weg, den ich gehen soll, auf dich richte ich mein Herz und meinen Sinn.«
(Psalm 143,8)

Gezählte Haare

Gestern kam in den Nachrichten die Meldung, dass ein Flugzeug mit vielen Passagieren in den Pazifik gestürzt ist. Omas waren sicher darunter, junge Frauen und Mütter, vielleicht viel beschäftigte Manager und fleißige Handwerker. Menschen, die mit Gott gelebt haben, und andere, die ihn nicht kannten. Kinder, die noch alles vor sich hatten. Auch ihr Leben wurde ausgelöscht. Einfach so, von jetzt auf gleich. Vielleicht haben Fahrgäste gebetet, bevor sie ins Flugzeug stiegen. Politiker und Flugzeugbauer werden sich damit beschäftigen, warum das geschehen konnte. Hätte Gott es nicht verhindern können?

In der Bibel lesen wir, dass Gott sogar die Haare auf unserem Kopf zählt. Provokativ möchte ich fragen: Herr, wenn du die Haare zählst, warum hast du das Flugzeug nicht beschützt. Warst du zu beschäftigt, als das Unglück geschah?

Den Hinterbliebenen der Abgestürzten und vielen Menschen auf der ganzen Welt ist es einfach unmöglich, das zu verstehen. Auch mir erschließt sich nicht der Sinn. Wie gehen wir mit diesem Unglück um, wie stellen wir uns dazu. Klagen wir Gott an? Stellen wir ihm unsere quälenden Fragen? Wie gut, dass er sich hinterfragen lässt. Er hält das aus. In den Psalmen gibt es viele Texte, in denen Gott schwere Fragen gestellt werden, auch solche, die unser persönliches Leben betreffen. Aber wir dürfen uns auch dann an Gott wenden, wenn wir mit einer Katastrophe konfrontiert sind, die andere betrifft. Nur, bringen uns unsere kritischen Fragen wirklich weiter? In Psalm 139 betet der Psalmist: *»Aber wie schwer sind für mich, Gott, deine Gedanken. Wie ist ihre Summe so groß. Wollte ich sie zählen, so wären sie mehr als der Sand.«* Gottes Verstand ist unausforschlich. Wir können seine Wege nicht nachvollziehen. Aber dieses Staunen über Gott führt den Psalmisten zu der Einsicht: *»Am Ende bin ich noch immer bei dir.«* Und auch wir sollten es so halten: Wenn wir uns bei Gott bergen, bekommen wir zwar nicht auf alles eine Antwort. Aber wir werden erleben, dass wir ruhig werden über all den Fragen und uns mit großer Zuversicht bei ihm geborgen wissen. Er steckt hinter allem, es gibt einen Sinn, der sich uns aber nicht erschließt.

Und so bleibt mir nur, für die Angehörigen zu beten und meine Zuflucht bei Gott zu nehmen.

»Von allen Seiten umgibst du mich und hältst deine Hand über mir. Diese Erkenntnis ist mir zu wunderbar und zu hoch, ich kann sie nicht begreifen.«
(Psalm 139,5-6)

Gottes Rechte

Wenn Gott mir hilft, tut er das nicht mit links. In der Bibel ist immer wieder von der Rechten Gottes die Rede. Er nimmt die Dinge in die Hand. Mein Leben zum Beispiel. Das kann ich mir bildhaft vorstellen: Alles, was mein Leben ausmacht, alles, was mich bewegt, mich freut, alles, was ich will und was ich nicht will, mein ganzes Menschsein ist in seiner Hand. Gottes Hand muss riesig sein und gleichzeitig weiß ich mich darin geborgen. In seiner Hand bin ich gut aufgehoben, er beschützt mich, gibt mir Halt und Sicherheit.

Wäre ich in der Hand eines Menschen, dann wäre ich den Launen und dem Willen dieses Menschen ausgeliefert. Aber das ist mein Glück, dass Gottes Rechte mich hält, nachzulesen in Psalm 63,9.

»Du gibst mir den Schild deines Heils,
und deine Rechte stärkt mich,
und deine Huld macht mich groß.«
(Psalm 18,36)

Ich darf

Früher gab es einmal kalorienreduzierte Produkte, auf denen stand: »Du darfst.« Man konnte sie in rauen Mengen essen, ohne dass die Figur darunter litt. Oder so ähnlich.

Heute wünsche ich mir manchmal, ich könnte entspannter sein und öfter zu mir selbst sagen: »Du darfst.« Zum Beispiel ein Buch lesen, das mich einfach nur gut unterhält. Aber dann sehe ich die Wäscheberge und lege es lieber zur Seite. Ich muss doch tun, was getan werden muss. Ist Lesen nicht Zeitverschwendung?

Mein Rücken ist angespannt, ich bringe mich selbst so unter Druck, dass ich schon ganz bedrückt bin. Wie schön wäre es jetzt, wenn ich mir selbst zusprechen könnte »Du darfst«: lesen, ausruhen, auf dem Sofa liegen, die Vögel beobachten.

Was würde Jesus an meiner Stelle tun? Wie mache ich es richtig? Hat Jesus auch unter Druck gestanden? Oder sich selbst Druck gemacht? In der Bibel steht, wir sollen in den Wegen wandeln, die Gott zuvor für uns bereitet hat. Manche Wege sind schwer, weil wir uns zu viel aufhalsen und nicht Nein sagen können. Oder weil wir perfekt sein wollen und unser Garten beispielsweise schöner sein soll als der unseres Nachbarn. Ehrgeizig packen wir dann jedes kleine Unkraut an der Wurzel, bis wir nicht mehr können. Ich will loslassen lernen, will mir zusprechen, dass auch ein mittelmäßig gepflegter Garten ein schöner Garten ist. *Du darfst,* das gilt auch mir.

Ich darf Ruhepausen einlegen, mich mitten ins Unkraut legen, vorsichtshalber auf einen Liegestuhl wegen der Brennnesseln. Genießen tut gut, übrigens nicht nur mir, sondern auch meinen Lieben. Wenn ich entspannt bin, lache ich häufiger und betrachte die Fehler der anderen nicht mit dem Vergrößerungsglas. Dann weichen Hetze und Druck; und die Heiterkeit zieht bei uns ein. Schön!

»Kommt her zu mir, alle, die ihr mühselig und beladen seid; ich will euch erquicken. Nehmt auf euch mein Joch und lernt von mir; denn ich bin sanftmütig und von Herzen demütig; so werdet ihr Ruhe finden für eure Seelen. Denn mein Joch ist sanft, und meine Last ist leicht.«
(Matthäus 11,28-30)

Ich komme mir vor wie ein Vogel

Ich komme mir vor wie ein kleiner grauer Vogel, dem man die Flügel gestutzt hat. Dabei ist Fliegen doch das Allerschönste: weite Kreise ziehen, sich in die Lüfte erheben, immer höher und höher dem blauen Himmel und der Sonne entgegen. Das ist Lebensfreude pur.

Doch ich kauere hier am Boden, verzweifelt schlage ich mit meinen Flügeln und weiß, sie tragen mich nicht. Ich kann mich nicht emporschwingen, weil ich es nicht schaffe, denke ich jedenfalls und dieser Gedanke macht mich unglücklich. Ich bin verzagt. Soll das mein Lebensmotto sein: »Ich kann nicht«? Begrenzt, beengt, missverstanden und letztendlich ungeliebt?

»Streng dich doch an, schwing dich auf«, ruft man mir zu. Doch ich kann nur dabei zuschauen, wie andere das schaffen und ihre Kreise ziehen, immer weiter, immer höher. »Nehmt mich doch mit«, höre ich mich rufen, doch sie sind schon zu weit oben, können mich nicht verstehen. Nur ihr Freudenjauchzen dringt an mein Ohr: »Wir schaffen das.«

Ich igle mich ein, zusammengekauert und verkrümmt und ohne Kraft. Mein Herz ist eng. Wenn ich doch nur fliegen könnte, denke ich im Stillen. Gott, wo bist du?

Doch dann kommt er, der große braune Vogel. Ich weiß nicht, wie mir geschieht, als seine riesigen Flügel mich aufnehmen und mich davontragen. »Aber ich kann doch nicht fliegen«, rufe ich noch entsetzt. »Du nicht, aber ich.« Er trägt mich höher und höher, weit über die Wolken. »Du nicht, aber ich«, flüstert er mir zu, immer wieder. Endlich, endlich begreife ich es …

Die auf den Herrn harren, kriegen neue
Kraft, dass sie auffahren mit Flügeln wie
Adler, dass sie laufen und nicht matt werden,
dass sie wandeln und nicht müde werden.
(Jesaja 40,31)

Keine Angst

Das Martinshorn heult auf, draußen regnet es und der Blick auf die Uhr verrät mir: Mein Mann müsste längst zu Hause sein. Ob etwas passiert ist? Meine Fantasie geht mit mir durch und ich werde unruhig. Wie oft hat sich das schon so in meinem Kopf abgespielt, dass ich meiner Angst hilflos ausgeliefert bin. Wann hört das endlich auf? Ich mag nicht mehr. Warum kann mein Mann nicht einfach pünktlich zu Hause sein?

Doch dann halte ich inne: Er weiß ja, dass ich mir immer so schnell Sorgen mache, und bemüht sich ja darum, pünktlich zu sein. Aber immer lässt es sich eben nicht so einrichten.

Es kann doch nicht sein, dass mein Mann sich meiner Angst unterordnen muss. Nein, ich kann von ihm nicht verlangen, auf die Minute genau durch die Haustüre zu treten. *Schluss mit der Angst*, denke ich. Bevor ich nicht wirklich weiß, dass etwas passiert ist, will ich mich dieser Angst nicht beugen. Fast aggressiv gehe ich gegen dieses beunruhigende Gefühl in mir vor. Ich lenke mich ab, versuche nicht mehr auf die Uhr zu schauen und es funktioniert. Meine unheilvollen Fantasien unterbreche ich mit einem Gedankenstopp.

Seitdem gelingt es mir immer mehr, mein Angstgefühl nicht mit den entsprechenden Gedanken zu füttern. Ich will nicht darüber meditieren, was an Schrecklichem passieren kann, sondern Vertrauen einüben. Mein Mann, ich, wir alle sind in Gottes Hand und so danke ich ihm in einem stillen Gebet, dass viel Böses, das ich mir schon ausgemalt habe, nicht eingetreten ist. Wie auch heute, denn dann höre ich, wie sich unsere Haustür öffnet. Und an den Schritten im Hausflur erkenne ich, dass es mein Mann ist. Da fällt mir ein Stein vom Herzen und ich kann wieder erleichtert durchatmen.

*»Gib mir, mein Sohn, dein Herz und lass
deinen Augen meine Wege wohl gefallen.«*
(Sprüche 23,26)

Ordnung

Ordnung ist schön. Wenn man in einen ansprechend eingerichteten Raum kommt, in dem nicht alles wie Kraut und Rüben durcheinander steht und liegt, fühlt man sich wohl. Aber es gibt auch Räume, die so ordentlich, ja kalt und steril sind, dass kein Staubkörnchen irgendeine Chance hat. Einen solchen habe ich gerade betreten. Vorsichtig setze ich mich auf das hochwertige Sofa, nachdem ich mir gründlich die Schuhe abgeputzt habe. (Wie kommt nur immer der Schmutz an meine Schuhe?) Andächtig blicke ich mich um. Jedes Detail, jeder kleine Deko-Krimskrams passt. Alles ein Stil. Kein Väschen tanzt aus der Reihe. Selbst unser Gespräch passt zu diesem Ambiente. Ich muss gähnen. Ob in dieser Familie beim Essen auch mal gekleckert wird? Und wenn ja, können sie darüber lachen? Wie oft hier wohl geputzt wird? Nur weil es Freitag ist oder weil es tatsächlich schmutzig ist? Im Regal stehen ausschließlich christliche Bücher. Alles ist gedämpft, natürlich kein Fernseher. Hier verbringt man keine unnötige Zeit mit Suchen, jedes einzelne Teil hat seinen Platz. Diese Familie hat alles im Griff.

Es mag ja richtig sein, so zu wohnen. Jeder Mensch hat einen anderen Lebensstil. Aber will ich auch so leben? Gefällt mir das? Wohl eher nicht. *Dann lieber mal was suchen,* denke ich so bei mir. Und das hässliche Tässchen einer ausländischen Freundin will ich auch weiterhin in Ehren halten. Ordnung, Regeln können so kalt sein. Über das Leben die Kontrolle haben, das könnte mir schon gefallen. Auf den ersten Blick. Aber stattdessen lasse ich alles lieber laufen, sitze mit einer Freundin in der unaufgeräumten Küche, lasse die Arbeit Arbeit sein und nehme mir Zeit zum Quatschen und zum Zuhören. Und hinterher schälen wir eben gemeinsam die Kartoffeln.

Was Jesus wohl dazu sagen würde? Jedenfalls hat er Maria gelobt, die sich zu seinen Füßen setzte und ihm zugehört hat. Der Mensch lebt nicht von der Ordnung allein …

»Ein Wort, geredet zu rechter Zeit,
ist wie goldene Äpfel auf silbernen Schalen.«
(Sprüche 25,11)

Tapetenwechsel

Jeder braucht mal einen Tapetenwechsel, sagte sich das ältere Ehepaar. Die beiden waren bisher nur selten in Urlaub gefahren, doch nun steht ihr Entschluss fest: Wir wollen verreisen. Nicht besonders weit, eher in die Berge als ans Meer. Koffer werden gepackt, alles Nötige geregelt und los geht's. In der Ferienpension angekommen, wird zuerst das Zimmer besichtigt. Dann, ein leiser Aufschrei: Hier klebt ja dieselbe Tapete an den Wänden wie bei uns zu Hause! Was für ein lustiger Zufall! Alles war anders, aber die Tapete war die gleiche.

Einen Tapetenwechsel, den braucht jeder einmal. Ich selbst mag es, wenn sich um mich herum immer mal etwas verändert. Eine andere Umgebung, ein neues Kleidungsstück, mit Menschen zusammen sein, die ich selten sehe … Man kann ja alles Mögliche auswechseln und verändern. Aber ich selbst bleibe dabei immer dieselbe so wie die Tapete in der Geschichte. Die guten und die schlechten Angewohnheiten, die bleiben bestehen, mein Denken verläuft in der gleichen Spur, mein Inneres und mein Äußeres bleiben. Und das kann doch auch gut sein. Ich bin halt so und der Veränderung gebe ich Zeit.

»Er hat alles schön gemacht zu seiner Zeit, auch hat er die Ewigkeit in ihr Herz gelegt; nur dass der Mensch nicht ergründen kann das Werk, das Gott tut, weder Anfang noch Ende. Da merkte ich, dass es nichts Besseres dabei gibt als fröhlich sein und sich gütlich tun in seinem Leben.«
(Prediger 3,11-12)

Weihnachten

Weihnachten ist ein schönes Fest. Sagen die meisten. Aber ist es das wirklich? Da war diese Einheit, diese Glückseligkeit zwischen Vater und Sohn. *»Ich und der Vater sind eins«*, wird Jesus später sagen. Keine noch so glückliche Ehe oder Freundschaft kommt an diese innere und äußere Freude und Harmonie von Vater und Sohn heran. Doch der Vater hatte einen Plan. Er wollte mehr Söhne und Töchter, er wollte versöhnen. Er besprach seine Pläne mit seinem geliebten Sohn. Und der willigte ein. Er wollte gehen, er wollte Werkzeug sein, er war bereit, die Pläne des Vaters durchzuführen. Er war gehorsam. Es kostete ihn viel. Alles. Nicht festhalten, was so wunderschön war, sondern alles drangeben. Es kostete auch den Vater alles. Ein Riesen-Risiko. Alles geben, um alle zu gewinnen.

Ob im Himmel Trauer war? Litt der Vater unter dem Schmerz? Er wusste, wie die Menschen waren, sie würden Jesus nicht gut behandeln. Er kannte ja ihr kaltes, liebloses Herz, ihre rauen, manchmal gierigen Hände. Ihre Unzuverlässigkeit, ihren Neid. Er ließ Jesus gehen und ging doch mit. Er blieb im Himmel und war gleichzeitig bei seinem Sohn. Unvorstellbar. Der Vater suchte die besten Adoptiveltern aus, die er finden konnte. Er pflanzte Jesus in die Gebärmutter einer jungen Frau ein. Er würde ganz Mensch werden. Der, den Himmel und Erde nicht fassen können, wurde ein winziger Mensch. Unfassbar. So als würde die ganze Erde zu einem einzigen Staubkorn. Alle Meere zusammen zu einem winzigen Tropfen Wasser. Alle Computerdaten der Welt in einem klitzekleinen Chip vereint. Gott wird Mensch. Ganz Großes wird verschwindend klein.

Aber die Menschen werden ihn missverstehen, ihn links liegen lassen, ihn auslachen, ihn ablehnen. Sie werden ihn schlagen und ans Kreuz hängen. Die Last, die er zu tragen hat, ist die schwerste Last, die ein Mensch je getragen hat. Jesus kauft eine Menschheit los. Er kauft sie dem Bösen ab, er bezahlt den Preis. Gott war in Christus und versöhnte die Welt mit sich selbst. Alles begann mit Weihnachten – oder doch schon sehr viel früher?

»Oh du fröhliche, o du selige,
gnadenbringende Weihnachtszeit!«
(Johannes Daniel Falk)

Paul Gerhardt

Ihn, ihn lass tun und walten!
Er ist ein weiser Fürst
und wird sich so verhalten,
dass du dich wundern wirst,
wenn er, wie ihm gebühret,
mit wunderbarem Rat
das Werk hinausgeführet,
das dich bekümmert hat.

Das ist eine Strophe aus dem bekannten Lied »Befiehl du deine Wege und was dein Herze kränkt …«. Ich liebe dieses Lied und ganz besonders diesen einen Vers. Ja, ich kann ein Lied davon singen, dass die Wege, die der Herr Jesus mich schon geführt hat, nicht leicht waren. Mit dem oben genannten Vers habe ich mir selbst Mut gemacht, wenn alles aussichtslos erschien. Wie gut, dass ich das Paul-Gerhardt-Lied im Konfirmandenunterricht auswendig gelernt habe. Auswendig lernen heißt im Englischen und im Französischen »mit dem Herzen lernen«. Auch wenn wir längst keine Konfirmanden mehr sind, ist das Auswendiglernen von Liedern oder Bibelversen eine gute geistige und geistliche Übung. Vielleicht können wir im Krankenhaus nicht mehr in der Bibel lesen oder wir sind mit dem Zug unterwegs. Wie schön ist es dann, wenn wir die Verse, die wir zuvor auswendig gelernt haben, vor uns hin sagen können.

Menschen wie Paul Gerhardt haben selbst tiefes Leid erfahren. Deshalb konnte er andere trösten. Wir brauchen nicht an unserem Kummer zu verzagen. Wir dürfen uns von Gott trösten lassen. Dann sind wir auch in der Lage, andere zu trösten.

Interessant finde ich, dass es zwei Melodien für das Lied gibt. Eine stammt von Haydn, sie ist eher heiter und beschwingt, und eine zweite geht auf Telemann zurück, die mehr getragen ist. So kann ich in Zeiten, in denen es mir gut geht und ich fröhlich bin, die Haydn-Melodie singen und an anderen Tagen die eher getragene von Telemann.

Der Herr Jesus begleitet mich auf allen Wegen. Er lässt mich niemals allein. Mir gefallen die alten Choräle, deren Wortlaut vielleicht altmodisch anmutet, deren Aussage aber heute so aktuell ist wie früher. Die Verse, die ich mit dem Herzen gelernt habe, die ich auswendig kann, trage ich wie einen kostbaren Schatz mit mir. Ob das Leben heiter oder bedrückend ist. Mein Vater im Himmel ist immer bei mir.

1. »Nun danket all und bringet Ehr, ihr Menschen in der Welt, dem, dessen Lob der Engel Heer im Himmel stets vermeld't.

2. Ermuntert euch und singt mit Schall Gott, unserm höchsten Gut, der seine Wunder überall und große Dinge tut.

*3. Der uns von Mutterleibe an frisch und ge-
sund erhält und, wo kein Mensch nicht helfen
kann, sich selbst zum Helfer stellt.*

*5. Er gebe uns ein fröhlich Herz, erfrische
Geist und Sinn und werf all Angst, Furcht,
Sorg und Schmerz ins Meeres Tiefe hin.«*
(Paul Gerhardt)

Mein Mann und ich

Zwei Menschen können sehr verschieden sein. Jedenfalls trifft das auf meinen Mann und mich zu. Uns unterscheidet nicht nur das Geschlecht. Mein Mann ist ein Frühaufsteher, das hängt wohl mit seiner Veranlagung zusammen, vielleicht ist es auch eine Angewohnheit. Ich bin eine Langschläferin, aber eine, die das gern ändern würde. Abends denke ich, wie großartig es wäre, am nächsten Morgen ganz früh aufzustehen. Und dann fallen mir all die Dinge ein, die ich in den frühen Morgenstunden schon tun könnte. Aber wenn dann der Wecker klingelt, überlege ich es mir meistens anders, stelle fest, dass es draußen noch dunkel ist, und schlafe noch ein wenig. Vom gemeinsamen Aufstehen kann ich dann – im wahrsten Sinne des Wortes – nur träumen und auch das gemeinsame Frühstück fällt flach.

Ich habe gelernt, das zu akzeptieren. Schließlich kann ich meinen Mann nicht ans Bett fesseln und er lässt mich ja auch schlafen so lange, wie ich will. Wir beide haben eben einen anderen Biorhythmus. Das lässt sich nicht so leicht umstellen. Und umerziehen will ich meinen Mann nicht, auch wenn ich zugeben muss, dass ich es immer wieder probiert habe. Manche Frauen vergleichen den Anfang einer Ehe mit dem Kauf eines alten Hauses, das fortlaufend renoviert werden muss. Ich war am Anfang begeistert von meinem stillen Mann. So ausgeglichen, so angenehm … Doch heute mache ich ihm manchmal Druck, wenn er so schweigsam ist. »Hast du ein Schweigegelübde abgelegt?«, frage ich ihn dann. Ich dagegen bin ein Mensch, der gern redet, mir fällt es eher schwer, einfach mal still zu sein und nichts zu sagen. *Wie das wohl bei ihm ankommt?*, muss ich manchmal denken.

*»Wie sich im Wasser das Angesicht spiegelt,
so ein Mensch im Herzen des andern.«*
(Sprüche 27,19)

Leben pur

Wie ist Gott? Laut und leise, hart und weich, zart und grob. Einfühlsam und ganz weit weg. Die Hauptsache: Er ist.

Mein Leben ist bunt, das Alltagsgrau, die Enge will ich hinter mir lassen. Ich weiß: Mein himmlischer Vater führt mich aus der Enge in die Weite, aus der Angst in die Freude. Ich will mich ihm in die Arme werfen, will laufen, springen, tanzen, singen und einfach nur fröhlich sein. Ich darf sein, wie ich bin, ausgelassen munter. Eben ich sein. Darf wachsen und mich entfalten und dabei in die Liebe Gottes eintauchen und mich dabei laut und überschäumend freuen.

Es gehört mir, mein Leben, es gehört Gott, dieses Leben. Ich liebe es. Auch wenn Trockenperioden kommen, Dürrezeiten, in denen ich mich mit meinem ganzen Menschsein nach einem Rastplatz an einem plätschernden Bach sehne, wenn meine Seele schreit, sich nicht beruhigen lässt. Ich will mich erinnern, wenn es wieder einmal so weit ist, dass ich geliebt werde und dass ich liebe. Eigentlich will ich meine Freude teilen. Schmerz lässt sich oft leichter allein tragen, man kann sich zurückziehen, trauern, weinen. Aber die Freude will heraus, will sich mitteilen. Ich halte sie fest, diese Freude. Ich genieße sie, lebe sie, spreche nur leise darüber mit Gott. Ich will sie nicht vertreiben, nicht verschwenden, will sie dosieren. Leise will ich die Freude genießen. Und jubeln.

»Man muss sich durch die kleinen Gedanken, die einen ärgern, immer wieder hindurchfinden zu den großen Gedanken, die einen stärken.«
(Dietrich Bonhoeffer)

Begriffsstutzig

Ich stricke gern. An meiner Handarbeitslehrerin Fräulein Bergmann kann das nicht gelegen haben. Fräulein Bergmann legte viel Wert auf einen modernen Unterricht und sie sprach nicht von Handarbeitsunterricht, sondern von »Textilem Werken«. Sie hatte spitze Finger und wenn sie meine gestrickte Socke in diese Finger nahm, schien sie total aus der Form geraten zu sein. Und eine spitze Zunge hatte sie auch, das war noch schlimmer. Den einen Augenblick werde ich nie vergessen: Fräulein Bergmann hielt kritisch meinen ockerfarbenen Stoff hoch, aus dem ein Rock werden sollte. Etwas daran stimmte nicht. Es war der Zuschnitt und so fragte sie mich, was man da wohl machen könne. Ich war ratlos. Und dann kam diese Bemerkung, die ich als damals 12-jährige Gymnasiastin ein Leben lang nicht vergessen würde: »Ich habe noch nie jemanden gesehen, der so begriffsstutzig ist wie du.« Das war gemein und pädagogisch äußerst fragwürdig. Mir schossen die Tränen in die Augen. Ich hätte den Glockenrock oben einfach ein Stück abschneiden sollen. Dann hätte er um meine Taille gepasst und wäre auch kürzer.

Auch wenn ihr Urteil über mich so niederschmetternd ausfiel, haben mich ihre beleidigenden Worte nicht daran gehindert zu handarbeiten. Erst neulich überlegte ich, warum das so war. Auf jeden Fall war es keine Trotzreaktion, um mir zu beweisen, dass ich doch nicht so unfähig war, wie meine Lehrerin behauptete. Das Nähen und Stricken machte mir einfach Spaß. Heute stricke ich Schals am laufenden Meter, ich sticke Lesezeichen und kleine Herzen, nähe aus alten Hemden etwas Schönes anderes. Ich habe sogar ein Näh- und Bügelzimmer, in dem viele Kisten und Schachteln mit Stoffen und anderem Zubehör stehen.

Die giftige Bemerkung meiner Lehrerin habe ich schon sehr früh als Lüge enttarnt. Gewiss, manchmal stehe ich auf dem Schlauch. Ich begreife technische Dinge nicht so schnell wie andere, aber ich kenne meine Begabungen. Ich weiß, was ich kann, und deswegen schneidere ich auch keine Kleidungsstücke, sondern halte mich an die einfachen Dinge.

Noch etwas habe ich aus der Bemerkung von Fräulein Bergmann gelernt, dass nämlich die Worte, die wir zu anderen sagen, eine große Wirkung entfalten können. Und so stelle ich mir die Frage: Woran erinnern sich Menschen, wenn sie meinen Namen hören? An Worte, mit denen ich sie vor über 50 Jahren ermutigt habe? Oder daran, dass ich ihnen eins ausgewischt und sie verletzt habe?

Niemand wird es gelingen, immer das Richtige zu sagen und immer liebevoll mit Kindern oder älteren Menschen umzugehen. Mir ist da Matthias Claudius ein Vorbild, der in einem Brief an seinen Sohn Johannes schrieb: »Sage nicht alles, was du weißt, aber wisse immer, was du sagst …, habe immer etwas Gutes im Sinn.«

1. Ich danke Gott, und freue mich
wie's Kind zur Weihnachtsgabe,
dass ich bin, bin! Und dass ich dich,
schön menschlich Antlitz! habe;

4. Ich danke Gott mit Saitenspiel,
dass ich kein König worden,
ich wär geschmeichelt worden viel
und wär vielleicht verdorben.

5. Auch bet' ich ihn von Herzen an,
dass ich auf dieser Erde
nicht bin ein großer reicher Mann
und auch wohl keiner werde.

6. Denn Ehr und Reichtum treibt und bläht,
hat mancherlei Gefahren,
und vielen hat's das Herz verdreht,
die weiland wacker waren.

9. Gott gebe mir nur jeden Tag,
so viel ich darf zum Leben.
Er gibt's dem Sperling auf dem Dach;
wie sollt er's mir nicht geben!

(Matthias Claudius, der empfiehlt,
dieses Lied täglich zu singen)

49

Ältere Menschen

Immer wieder stelle ich erstaunt fest: Heute wird nicht mehr von *alten* Menschen gesprochen, sondern von den *Älteren*. Das klingt höflicher und ist auch beruhigend, wenn man bedenkt, dass ich dann auch nie wirklich alt werde. Heute geht man als älterer Mensch auch nicht mehr am Stock. Die Senioren heutzutage haben diese großartigen Wägelchen, die sie mutig und manchmal stolz durch die Gegend karren. Besonders gut finde ich den Korb, in den man eine Menge reinpacken kann. Einmal sah ich jemanden mit einem kleinen Hund in dem Körbchen, vielleicht war das Tier auch schon älter und des ewigen Laufens müde. Schließlich werden bei ihm vier Beine alt.

Neulich besuchten wir Lotti in Worms. Lotti ist 85 und noch sehr rüstig. Diesen Ausdruck habe ich auch schon lange nicht mehr gehört. Unsere Senioren sind fit. Aber zu Lotti passt *rüstig*. Sie hat auch einen »Rentner-Mercedes« und demonstrierte mir, wie gut sie damit gerüstet ist. »Mit Stock könnte ich das doch alles nicht machen«, meinte sie, und als wir zusammen einen Tee tranken und ich ihr beim Tischdecken helfen wollte, wehrt sie ab – diesmal entrüstet. »Schau mal, wie das geht«, mit diesen Worten packte sie Tassen und Teekanne auf den Rollator und los ging's. Die Teekanne wackelte zwar bedrohlich, aber es funktionierte.

Ich freue mich über die Erfindung, die Senioren unabhängiger macht. Für mich sind Menschen, die ein langes Leben hinter sich haben, ein Farbtupfer. Der Psalmist schreibt über die Älteren unter uns: *Die gepflanzt sind im Hause des Herrn, werden in den Vorhöfen unsres Gottes grünen. Und wenn sie auch alt werden, werden sie dennoch blühen, fruchtbar und frisch sein, dass sie verkündigen, dass der Herr gerecht ist.* Eine solche Pflanze möchte ich auch sein, bis zuletzt blühen, am liebsten pink. Und sollte ich in etwa dreißig Jahren noch auf dieser buckeligen Welt rumlaufen (so nannte das mein Großvater), dann will ich einen pinkfarbenen Rentner-Mercedes. Bis dahin gibt's den bestimmt.

1. Stern, auf den ich schaue,
Fels, auf dem ich steh,
Führer, dem ich traue,
Stab, an dem ich geh,
Brot, von dem ich lebe,
Quell, an dem ich ruh,
Ziel, das ich erstrebe:
Alles, Herr, bist Du!

2. Ohne Dich, wo käme
Kraft und Mut mir her?
Ohne Dich, wer nähme
meine Bürde, wer?
Ohne Dich zerstieben
würde mir im Nu
Glauben, Hoffen, Lieben;
alles, Herr, bist Du!

3. Drum so will ich wallen
meinen Pfad dahin,
bis die Glocken schallen
und daheim ich bin.
Dann mit neuem Singen
jauchz ich froh Dir zu:
Nichts hab ich zu bringen;
alles, Herr, bist Du!

(Cornelius Friedrich Adolf Krummacher,
1824–1884)

Alleinsein

Es gibt Menschen, die das Bad in der Menge lieben. Sie brauchen die Gesellschaft der anderen, um sich wohlzufühlen. Ein solcher Mensch bin ich nicht. Wenn wir am Wochenende Gäste haben und ich keine Zeit für mich allein finde, dann werde ich kribbelig und auch mal aggressiv, dann fehlt mir etwas. Meist ist es das Alleinsein. Dann hilft nur eins: Ich muss mich zurückziehen und für mich sein. Menschen strengen mich an, mehr als es die Arbeit tut. Ich habe schon immer das Alleinsein gesucht. Als kleines Mädchen war ich nachmittags meistens allein, da meine Eltern ein Geschäft hatten. Es war sehr schön, wenn meine Mutter mal zu

Hause bleiben konnte, aber ich lernte auch früh, allein zu sein und mit mir selbst etwas anzufangen.

Wenn ich Zeit mit mir allein verbringen kann, komme ich wieder zu Kräften. Manchmal lege ich mich hin und schlafe oder ich sortiere meinen Kleiderschrank neu, bügle oder lese. Das Radio lasse ich aus, ich stelle den Anrufbeantworter an und manchmal setze ich mich auch ins Auto, fahre in den Wald und mache einen ausgiebigen Spaziergang. Dann merke ich, dass ich mich nach einiger Zeit beruhige und entspanne.

Irgendwo las ich mal den folgenden Satz, der mir richtig gut gefällt: »Ich bin gern mit interessanten Menschen zusammen, darum bin ich auch gerne allein.«

Mich mit anderen zu vergleichen, die unermüdlich im Einsatz sind, die anscheinend immer mit anderen zusammen sein können, das hilft mir nicht. Ich bin eben so, wie ich bin, und muss das richtige Maß für mich finden. Auch Jesus suchte die Einsamkeit auf, wenn er mit vielen Menschen zusammen war, gepredigt und Wunder getan hatte. Er brauchte die Stille, um mit dem Vater im Himmel zu sprechen, um Kraft zu schöpfen und anschließend wieder ganz für andere da zu sein.

»Die Einsamkeit ist eine Macht und ihr Schweigen redet lauter als der rauschende Strom menschlicher Worte, der uns fast allenthalben umgibt.«
(Eva von Tiele-Winckler)

Guter Rat ist teuer

Manchmal bin ich ganz schön ratlos. Wenn eine Freundin mich z. B. anruft und mich um meine Meinung bittet und ich dann nicht weiß, wie ich ihr raten soll. Dabei zerbreche ich mir nicht nur den Kopf bei Entscheidungen, die eine große Tragweite haben, um einen möglichst ausgewogenen Rat zu geben. Auch bei kleinen, alltäglichen Dingen werde ich oft um Rat gefragt und muss mich entscheiden, was ich sage.

Gläubige Menschen, die jeden Tag mit Jesus leben, haben einen ganz besonderen Ratgeber – den besten, den man sich denken kann. In Jesaja 28,29 lesen wir: *»Sein Rat ist wun-*

derbar und er führt es herrlich hinaus.« Diesen Vers hatte ich vor längerer Zeit einmal auf die Innenseite einer kleinen Schachtel geklebt. Ich hatte längst vergessen, dass er da steht. Doch genau dieser Vers sprach mich beim Bibellesen in einer Situation an, in der »es mir an Weisheit mangelte«.

Nun wusste ich es wieder: Der Allerhöchste, Gott selbst, will mir raten durch sein Wort, das ich in der Stille auf mich wirken lasse. Und auch durch seinen Heiligen Geist, der uns berät und führt. Als gläubige Menschen, die wir unser Leben bedingungslos Gott ausgeliefert haben, sind wir versiegelt mit dem Heiligen Geist. Er will uns leiten und führen und wir können lernen, auf seine gute Stimme zu hören.

»Wenn in meinem Sinn ich im Zweifel bin: Soll ich reden oder schweigen, kämpfen oder still mich beugen? Sage du mir dann: Man soll, was man kann« (Nikolaus Ludwig von Zinzendorf).

»Wo gute Ratgeber sind, da sind gute Entscheidungen«, heißt es in den Sprüchen. Ich lasse mir am liebsten von Menschen raten, die für mich beten. Ganz wichtige Entscheidungen treffe ich nur, wenn ich vorher mit ein oder zwei Menschen gesprochen habe, die mich sehr gut kennen und die in der Lebensgemeinschaft mit Jesus verwurzelt sind.

Ich habe mir jedenfalls vorgenommen, den Rat anderer einzuholen. Natürlich muss ich ihn dann noch selbst prüfen, ob er für mich und mein Leben passt. Ich habe schon viele praktische Ratschläge bekommen, die mir weitergeholfen haben. So erinnere ich mich gern an den Rat meiner Schwiegermutter. Sie empfahl mir damals am Anfang meiner Ehe, in einer Kiste Erinnerungsstücke von der verstorbenen ersten Frau meines Mannes aufzuheben. Ich habe diesen Rat befolgt und so konnten wir später den Söhnen meines Mannes diese Dinge geben. Gute Ratgeber zu haben, ist ein Privileg. Und wie dankbar bin ich, dass ich nicht nur auf meine Mitmenschen angewiesen bin, wenn ich nicht weiterweiß, sondern einen himmlischen Vater habe, über den in Jakobus 1,5 steht: »*Wenn es aber jemandem unter euch an Weisheit mangelt, so bitte er Gott, der jedermann gern und* ohne Vorwurf gibt; so wird sie ihm gegeben werden.«

»Wenn in meinem Sinn ich im Zweifel bin:
Soll ich reden oder schweigen, kämpfen oder
still mich beugen? Sage du mir dann:
Man soll, was man kann.«
(Nikolaus Ludwig von Zinzendorf)

Tagebuch schreiben

Als ich in der siebten Klasse im Gymnasium war, hörte ich von Anne Frank. Sie war Jüdin und musste sich mit ihrer Familie vor den Nazis verstecken. Den Holocaust überlebte sie nicht, ihr Leben nahm ein tragisches Ende. Von ihr stammt der Satz: »Ich habe Lust zu schreiben und will mir vor allem alles Mögliche von der Seele schreiben.« Das wollte ich als Schülerin damals auch, meine Gedanken auf Papier festhalten, so wie sie es getan hatte. Anne Frank schrieb an Kitty, eine Freundin, die es nur in ihrer Fantasie gab.

Viele Jahre später gab es eine Zeit in meinem Leben, in der ich mich wie eingesperrt fühlte, weil ich an einer psychischen Erkrankung litt. Damals entdeckte ich das Tagebuchschreiben neu. Ich nahm ein Heft zur Hand und einen Stift und schrieb einfach drauflos. Ich beschrieb meinen Alltag, das, was ich erlebte. Enttäuschungen schrieb ich mir von der Seele. Es tat mir weh, nicht verstanden zu werden, und jeder Tag war eine Herausforderung für mich.

Da ich schon sehr früh zum Glauben an Jesus gekommen war, wurde mein Tagebuch dann auch zu einem Gebetstagebuch. Manchmal richtete ich meine Aussagen direkt an den Herrn Jesus. Ich dankte ihm und lud bei ihm alles ab, was mich belastete. Tagebuchschreiben war für mich wie eine Therapie. Wenn ich meine Gedanken festhielt und mich mit ihnen auseinandersetzte, wurde in meinem Kopf alles etwas klarer. Manchmal denke ich, dass es den Psalmisten ähnlich erging. Wenn sie zu Beginn eines Psalms Gott ihre Not noch klagen, finden sich gegen Ende des Psalms oft Verse, in denen Gott gelobt wird (vgl. Psalm 73). Jedenfalls spürte ich auch, dass mein Kopf frei wurde, wenn ich meine Probleme auf das Papier bannte. Gezeigt habe ich dieses Tagebuch niemandem. Und ich habe meine Aufzeichnungen später auch nicht nachgelesen. Sie gehörten in eine besondere Zeit meines Lebens.

Eines Tages legte ich mir dann noch ein weiteres Heft zu, in dem ich alles festhielt, wofür ich dankbar war. Das tat mir sehr gut, weil mir klar wurde, dass es so vieles gab, für das ich Gott danken konnte. Diese Aufzeichnungen habe ich öfters wieder zur Hand genommen, bis heute erfüllt mich ein Gefühl der Dankbarkeit, wenn ich darin lese.

Es entstanden auch kreative Tagebücher. Sprüche, die mir einfach gut gefielen, hielt ich darin fest und ich klebte hübsche Karten ein. Manche Zeilen habe ich mit gepressten Blumen dekoriert. Mit Aquarellfarbe habe ich schöne Lesezeichen gemalt, die ich in das Tagebuch oder ein anderes Buch gelegt habe. Kreativ zu sein tut der Seele gut. Und es macht Freude, schöne Dinge entstehen zu lassen.

Im Sommer sitze ich manchmal im Garten oder auf einer Bank irgendwo im Wald und denke nach, erinnere mich. Wenn ich auf meinem Lieblingssessel sitze und schreibe, mache ich gern etwas Musik an. Traurige Gedanken lösen sich bei heiterer Musik in Luft auf. Schreiben, Musik hören, wie gut tut mir das!

»Wenn ich nur dich habe, so frage ich nicht nach Himmel und Erde. Wenn mir gleich Leib und Seele verschmachtet, so bist du doch, Gott, allezeit meines Herzens Trost und mein Teil.«
(Psalm 73,25-26)

Weitere Bücher bei francke

Eckart zur Nieden
Abgehängt oder angedockt?
Von den Senioren der Bibel
für das Alter lernen
ISBN 978-3-96362-232-8
253 Seiten, gebunden

Im Alter kann man sich leicht abgehängt fühlen: Unsere Kräfte lassen nach und wir bringen nicht mehr die gleiche Leistung wie früher. Unser Freundeskreis schrumpft und ein Gefühl der Einsamkeit macht sich breit.

Bei Gott aber sind wir niemals abgehängt, er verlässt uns nicht. Und er hat noch etwas mit uns vor – wenn wir uns darauf einlassen.

Als Zeugen für diese Wahrheit ruft Eckart zur Nieden elf biblische Personen auf. In humorvoll und treffend geschilderten Szenen aus ihrem langen Leben stellt er sie uns vor. Diese Schlaglichter machen Mut, werfen aber auch die Frage auf: Halten wir bis zum Ziel durch und gehen an Gottes Hand auch durch den letzten Lebensabschnitt?

Ein Buch voller kräftigender Gedanken und Impulse für diese wichtige Wegstrecke nach Hause.

Angelika Enners
Ich wage den Sprung
Wahre Geschichten von der
tragenden Liebe Gottes
ISBN 978-3-96362-161-1
206 Seiten, kartoniert

»*Unser Flugzeug hat die Höhe von 4000 Metern erreicht.*
Die Flugzeugtür öffnet sich, die ersten Fallschirmspringer
machen sich startklar. Ich stehe an der Kante zum
Ausstieg. Noch einen Schritt – dann wage ich den Sprung.
Es ist einer der herausfordernden Momente in meinem
Leben, der viel mit Vertrauen und Glauben zu tun hat.
Wie oft war ich schon im freien Fall und erlebte, wie Gott
mir zum sicheren Fallschirm wurde.
Meine erste Begegnung mit Gott hatte ich mit 14 Jahren.
Für mich war dies der Anfang einer langen Lebensreise
mit ihm.«
In diesem Buch erzählt Angelika Enners von einzigartig
schönen Momenten, von Krisen, die ihr Lebenskonzept
ins Wanken brachten, und von kleinen und großen
Wundern, die ihr die tragende Liebe Gottes vor Augen
hielten. Lassen Sie sich von ihrem lebendigen Erzählstil
fesseln.

Annette Spratte
Das Glück der Erde ...
Was wir von Pferden über uns, das
Leben und Gott lernen können
ISBN 978-3-96362-162-8
169 Seiten, gebunden

Acht Pferdefreundinnen und passionierte Reiterinnen erzählen mal humorvoll, mal nachdenklich von gewöhnlichen und außergewöhnlichen Erlebnissen mit ihren Vierbeinern.

Schon oft haben ihre Pferde ihnen einen neuen Blick auf sie selbst, ihr Leben und Gott geschenkt.

Ihre warmherzigen Geschichten stammen mitten aus dem Reiteralltag, berühren und inspirieren dazu, neu über Themen wie Vertrauen, Zugehörigkeit und bedingungslose Liebe nachzudenken.

Daisy von Arnim
Wunder in meinem Leben
ISBN 978-3-86827-525-4
142 Seiten, gebunden

Daisy von Arnim ist davon überzeugt: Gott ist im Alltag erlebbar! Schon oft durfte sie in ihrem Leben die Erfahrung machen, dass Gott da war.

In diesem Buch erzählt sie von den großen und kleinen Wundern in ihrem Leben. Von Momenten der Bewahrung, der Fürsorge, der liebevollen Zuwendung. Von Alltagswundern, durch die Gott seit ihrer Kindheit immer wieder aufs Neue sein »Ich bin da« in ihr Leben hineingesprochen hat. Damit möchte die Apfelgräfin ihre Leser ermutigen, die Augen zu öffnen für die Segensspuren, die Gott in ihrem eigenen Leben hinterlassen hat.

Max Lucado
**Limonadenrezepte für
Zitronentage**
Jeder Tag verdient seine Chance
ISBN 978-3-86827-032-7
143 Seiten, gebunden

Stellen Sie sich vor, Sie stecken knietief im Schlamassel des Alltags und alles läuft schief. Dann stehen Sie vor einer wichtigen Entscheidung. Entweder ist der Tag für Sie gelaufen oder Sie schütteln alles ab und starten neu. Entscheiden Sie sich dazu, diesem Zitronentag noch eine Chance zu geben! Halten Sie nicht einfach nur durch, sondern gestalten Sie. Und wissen Sie was? Aus 24 guten Stunden wird ein gelungener Tag, aus 7 gelungenen Tagen eine mehr als erträgliche Woche und aus mehr als erträglichen Wochen werden angenehme Monate. Uns den Herausforderungen eines neuen Tages zu stellen und unser Leben aktiv zu gestalten – dazu fordert uns Lucado mit diesem Buch heraus. Mit praktischen Tipps zeigt er, wie wir aus den Zitronen, die das Leben uns gibt, Limonade machen können.

Sabine Herold
Vom Sandkorn zur Perle
*Wie aus Verletzungen Segen
erwachsen kann*
ISBN 978-3-86827-342-7
112 Seiten, gebunden

Sandkörner gibt es genügend in unserem Leben – Schmerzpunkte, die uns lähmen, quälen und manchmal sogar zerstören. Die Perlmuschel gibt uns ein wunderbares Beispiel, wie aus einem schmerzenden Sandkorn eine kostbare Perle entstehen kann. Mit den ihr geschenkten Ressourcen – ihrem eigenen Perlmutt – legt sie eine Schicht nach der anderen um den zerstörerischen Fremdkörper und lässt Neues werden – eine einzigartige Perle.

Pfarrerin Sabine Herold zeigt auf, wie auch wir mit unseren Erfahrungen so umgehen können, dass aus den schmerzenden „Sandkörnern" in unserem Leben Perlen werden. Dabei nimmt sie sowohl Bezug auf das teils schwere Schicksal biblischer Personen als auch auf Erlebnisse von Frauen aus ihrem Umfeld. Sie erzählt offen und ehrlich von ihren eigenen Sandkörnern und gibt Einblicke, wie Gottes Perlmutt sie letztlich hat heil werden lassen.

Mit vertiefenden Fragen und Gebeten zum Nachsprechen.